Paul-Émile Daurand-Forgues

Le Rachat de Jane

*Récit de la vie des prisons
de femmes en Angleterre*

ISBN : 978-1727186482

10 9 8 7 6 5 4 3 2 1

Paul-Émile Daurand-Forgues

Le Rachat de Jane

Récit de la vie des prisons
de femmes en Angleterre

Paul-Émile Daurand-Forgues

Le Rachat de Jane

Récit de la vie des prisons
de femmes en Angleterre

Table de Matières

PREMIERE PARTIE   7

SECONDE PARTIE   64

PREMIERE PARTIE

Les pages qu'on va lire n'ont que les dehors d'une fiction. Elles se composent en fait de réalités strictement, rigoureusement authentiques, et par là se recommandent aux esprits sérieux, aux lecteurs de bonne foi. Le sort a voulu qu'elles fussent datées de prison, bien qu'elles émanent d'une personne libre. Un autre hasard non moins singulier devait faire que le révérend missionnaire à qui elles étaient adressées ne les a jamais reçues, et cela par une raison très simple, c'est qu'elles ne lui furent jamais envoyées. L'obstacle vint, nous croyons le savoir, de certains scrupules sur la nature desquels, après les avoir lues, on sera complètement édifié. Il s'écrit ainsi chaque jour beaucoup de lettres qu'on supprime, tantôt parce qu'elles expriment un sentiment qui veut garder ses voiles, tantôt parce qu'elles accusent des reliefs de caractère, des emportements d'imagination, des faiblesses, des naïvetés, qu'on ne se soucie pas de livrer aux sarcasmes d'une raison hautaine, d'une rectitude inflexible. Il est probable ou du moins il est fort possible que la correspondance en question se fût arrêtée court, si une première réponse, froide et railleuse, était venue glacer, paralyser l'enthousiasme dont elle est empreinte. En la gardant par devers elle, la jeune femme qui l'avait si résolument inaugurée se ménagea la pleine liberté de ses épanchements, et tout en caressant peut-être l'idée de la montrer un jour, si jamais il revenait de ses périlleux voyages, à l'ami qu'elle avait choisi pour confident, il lui fut loisible d'y consigner quotidiennement, sans craindre les objections ou les critiques qui l'eussent découragée, les impressions parfois contradictoires d'un esprit mobile, d'une âme passionnée, d'une volonté souvent ébranlée, quoique définitivement victorieuse.

C'est ainsi que, sans quitter la forme épistolaire, cette correspondance, ramenée au monologue, devint, à vrai dire, un journal, et ce journal un récit suivi, l'histoire d'un attachement singulier, d'une lutte obstinée entre deux natures que reliait sans doute l'une à l'autre quelque mystérieuse sympathie. On verra cette histoire se détacher sur un fond assez sombre, celui que les incidents de la vie de prison pouvaient fournir à l'intéressante *matrone* [1]. C'est par là qu'elle touche à des questions fort controversées de nos jours, celles que soulève l'examen attentif du régime pénitentiaire chez les différents peuples. Nous en avons assez parlé dans une occasion récente pour n'y point revenir aujourd'hui.

I

Prison de Millbank, 19 décembre 1856.

Vous êtes le seul de mes amis, Henry Gillespie, à qui je veuille confier le secret de ma situation présente. Mes raisons, je vais vous les dire. Avant la mort de mon pauvre père, avant ce désastre si prématuré, si imprévu, qui nous a placées, mes sœurs et moi, dans la pénible nécessité de pourvoir à notre existence et à celle de notre mère, vous êtes de tous ceux qui avaient sollicité ma main le seul à qui j'aie accordé quelques pensées sérieuses, le seul dont la vocation décidée, la ferme volonté, la haute abnégation, m'aient attirée et presque décidée. Je puis même vous le dire aujourd'hui, tentée de revenir sur un premier refus, j'allais vous écrire lorsque la nouvelle de votre départ, arrivée au prieuré trois jours plus tôt qu'on ne l'attendait, est venue ôter à cette démarche ce qu'elle avait de naturel et de simple. Je l'ai ajournée, comptant y réfléchir mûrement, et combien je me suis félicitée de n'avoir pas réalisé mon projet, lorsque le terrible accident qui nous privait à la fois d'un excellent père et de presque toutes nos espérances de fortune a bouleversé nos plans d'avenir ! Si ma lettre vous était arrivée, je devine ce que vous auriez fait ; vous ne m'auriez jamais tenue quitte d'une promesse donnée aux jours prospères, et qu'une fois vouée à l'infortune j'eusse voulu reprendre à tout prix. Maintenant, grâce à Dieu, tout est dit. Vous êtes au loin, vous êtes sans doute sur le point de vous marier, et quant à moi, décidément vouée au célibat, j'ai sollicité, j'ai obtenu, par la protection spéciale d'un ami de mon père, l'évêque de R..., une position officielle qui m'engage au moins pour une dizaine d'années. Cette position n'est point brillante, je vous en préviens ; elle n'a rien qui flatte la vanité, rien qui ne soit très humble et très austère, rien qui rappelle ce paisible bien-être au sein duquel votre affection était venue me chercher. Bref, — car il faut en finir avec toutes ces précautions oratoires, qui trahissent malgré moi je ne sais quelle faiblesse, — celle que vous appeliez « miss Weston, » et qui aurait pu être « votre Lydia Weston, » compte parmi les quarante-deux *matrones* ou surveillantes de la prison de Millbank.

Matrone à vingt-cinq ans, la chose est grave ! Quant au métier en lui-même, on peut sans mollesse le trouver pénible. Du reste vous en jugerez par les détails que je suis à même de vous donner après quelques mois d'épreuve ; mais auparavant, et pour montrer tout d'abord le beau côté de la médaille, voyons par quels avantages matériels j'ai pu être déterminée à prendre un si grand parti. Une matrone en second, — c'est mon grade actuel, — est payée dès son entrée au service sur le pied de 35 livres [2], d'où il faut déduire la retenue mensuelle pour l'uniforme, c'est-à-dire 3 shillings et 4 *pence* [3]. Ce salaire, après tout suffisant, s'accroît d'une livre chaque année jusqu'au moment où d'ordinaire on a définitivement conquis le titre de *matrone*, c'est-à-dire après trois ou quatre ans de service. Les appointements s'élèvent alors à 40 livres, avec un accroissement annuel de 25 shillings [4]. Que si, par mérite ou faveur, on devient matrone principale, — il n'y a là aucune impossibilité, — le salaire est de 50 livres, annuellement augmentées de 1 livre et 10 shillings. Après dix années, — ici la tentation devient irrésistible, — on est inscrite pour le reste de ses jours sur la liste des pensionnaires de l'état.

Ces avantages, — qui peut-être ne vous éblouiront pas, — sont cependant ambitionnés par de fort grandes dames… pour les soubrettes dont elles veulent se débarrasser. Je ne plaisante pas, mon ami, plusieurs de mes collègues sont arrivées ici par des protections de cet ordre, et j'ajouterai que je ne les classe ni parmi les moins utiles, ni même parmi les moins bien élevées. En général cependant notre état-major en jupons se recrute dans les rangs, hélas ! trop serrés, de ces pauvres filles déclassées par un revers de fortune et condamnées à des privations, à des travaux qui, selon toute apparence, ne devaient jamais leur échoir. Les privations, je n'en parlerai point. C'est seulement par comparaison que le régime de nos prisons peut sembler rude. Il serait puéril à moi de regretter cette chambrette rose et blanche dont les gâteries maternelles avaient fait un nid de duvet, et toutes ces menues élégances qui m'entouraient d'un luxe trompeur. Rien ne me manque, en somme, qui soit essentiel à la santé. La chère est peu variée, peu délicate, mais abondante, et généralement parlant irréprochable. Ma cellule, située dans une tour comme celle d'une châtelaine du moyen âge, est décemment meublée, et, grâce à l'assistance de l'une de nos « pensionnaires, » choisie naturellement, à titre de récompense, parmi les plus dociles et les plus sûres, il y règne une propreté scrupuleuse. Tous les autres détails de la vie sont réglés par une autorité certainement très bienveillante, et qui prend à cœur de nous rendre supportable ce séjour, en lui-même si peu attrayant ; mais le repos, mais l

a liberté, ces deux grands biens, où sont-ils ? Trois fois par semaine, de six heures du matin à neuf heures du soir, parfois à dix, une matrone se doit tout entière à sa mission. Les trois autres jours, elle est libre à six heures du soir, et peut disposer des quatre heures suivantes, soit dans l'établissement, soit au dehors. Le service du dimanche commence à sept heures et finit à neuf. Parfois elle obtient un dimanche de sortie, et chaque année il lui est alloué un congé de quatorze jours, d'où se déduisent les journées qu'elle a passées à l'infirmerie. Ces journées peuvent être nombreuses, attendu que le service est ardu, l'anxiété morale parfois très grande, les émotions parfois très vives. En somme, il est rare qu'au bout de quatre ou cinq ans les plus énergiques d'entre nous ne tombent pas malades, et beaucoup aussi, rebutées par cet incessant labeur, aiment mieux perdre leurs droits à la pension de retraite que d'achever leur engagement décennal. Nous sommes décidément en trop petit nombre. Songez donc : quarante-deux matrones pour près de cinq cents prisonnières ! — 472 si vous voulez le chiffre exact. En déduisant la matrone en chef, les principales matrones au nombre de quatre, plus celles de nous qu'on emploie à telle ou telle mission du dehors, chaque surveillante reste chargée de trente prisonnières en moyenne. Il faut qu'elle réduise trente femmes à l'obéissance la plus minutieuse, à l'observance des règles les plus strictes, et ce qui serait déjà malaisé, s'il s'agissait de religieuses novices ou professes, il faut y réussir vis-à-vis d'êtres pervers, flétris, ulcérés, méfiants, jaloux, rusés, experts en toute sorte de mensonges, sujets à des caprices inexplicables, toujours prêts à la révolte, parfois ne reculant pas devant le meurtre…

La cloche d'appel m'a interrompue. Elle annonçait l'arrivée de deux *convicts*. C'était à moi de les recevoir en l'absence de la matrone que j'assiste. J'avais à prendre note de leur nom, de leur âge, du crime qu'elles ont à expier, du terme de leur sentence,…

et trop heureuse si ma tâche se fût bornée là ; mais il fallait leur faire subir une opération préliminaire qui, toute simple pour un homme, rencontre chez les femmes une répugnance incroyable. La règle veut impérieusement que les cheveux de la condamnée tombent sous le ciseau avant même qu'elle ait pris le bain d'entrée, avant qu'elle ait revêtu le triste uniforme. Or ces femmes qui se sont placées au-dessus de toute loi, qui ont affronté par des crimes quelquefois odieux la vindicte des hommes et la justice divine, faiblissent ordinairement devant cette espèce de flétrissure qui va les enlaidir, et qui porte atteinte à leur vanité ; elles pleurent, supplient, tombent à genoux, se relèvent furieuses, et parfois, résistant à force ouverte, nous contraignent à requérir l'assistance des agents de police.

Aujourd'hui, grâce à Dieu, ces terribles extrémités m'ont été épargnées. J'ai même eu, je dois vous l'avouer, quelques bons moments, et le plus difficile tout d'abord a été de garder le sérieux imperturbable qu'exigeaient les circonstances. La première des deux condamnées avait environ soixante ans, et le nombre de ses cheveux égalait à peine celui des hivers qui les avaient blanchis. C'était ce que nous appelons un « vieil oiseau de prison, » et les deux tiers de sa longue existence avaient dû se passer entre quatre murailles. Aussi m'abordait-elle avec la plus engageante familiarité ; mais à la vue des ciseaux, contre toute attente, elle se rebiffa. — Non, disait-elle, se crêtant comme une duchesse, non, ma bonne miss, ceci ne se fera point !… Et comme j'insistais, la règle n'admettant point d'exception pour cause d'âge : — Il n'est pas question d'âge, reprit-elle, de plus en plus piquée ; mais depuis ma dernière sortie les choses ont bien changé. Vous n'avez plus le droit de toucher à un cheveu de ma tête…

Ceci était dit avec une solennité qui me troubla presque.

— Et la raison ? lui demandai-je stupéfaite.

—La raison,… c'est que je suis mariée.

Ici, prise à court, je faillis éclater malgré moi. Le regard triomphant de cette femme était, je vous assure, du plus haut comique.

— Hélas ! lui dis-je, vous êtes dans une erreur complète. Mariée ou non, il faut en arriver là. Et je lui montrais l'escabelle fatale aux pieds du sacrificateur.

— Comment ? comment ? se récriait la nouvelle épousée ; mais ces cheveux ne sont pas à moi,… ils appartiennent à mon mari.

Que direz-vous de ce cas de conscience, de cette foi naïve avec laquelle la bonne vieille plaçait sous la protection des lois sa poignée de cheveux gris, inviolable propriété d'un époux absent ?

Croyez bien qu'on n'avait pas grand'chance de lui faire entendre raison. Il fallut, pour la convaincre que mon inexpérience ne me trompait pas, mander en personne le gouverneur de Millbank, qui prit la peine de lui expliquer la question au point de vue légal ; puis, le gouverneur sorti et les cheveux enfin coupés, elle protestait encore énergiquement qu'un fidèle rapport aux directeurs de l'établissement lui ferait obtenir justice d'un procédé aussi odieux.

Je me retournai, encore égayée, vers la seconde des nouvelles venues, et alors toute envie de rire me quitta. C'était une très jeune femme, — belle encore, quoique prématurément flétrie, — et dont l'épaisse chevelure blonde me rappelait par ses reflets fauves celle de ma pauvre sœur Elisabeth. Elle me regardait fixement, et ses yeux gris semblaient vouloir scruter mes plus intimes pensées. Il y avait à la fois dans ce regard étrange une sorte de candeur sauvage et de subtilité diabolique ; on y devinait une nature inculte et passionnée, ignorante de la vie que mènent les honnêtes gens, et développée dans une atmosphère malsaine. Son assurance n'était pas effronterie ; elle semblait me jeter un défi sans haine et me traiter en étrangère plutôt qu'en ennemie. Dans son silence, il y avait aussi de la timidité. Je crûs comprendre que cette Écossaise, déjà raillée pour son accent du nord, ne se souciait pas d'attirer sur elle de nouveaux sarcasmes, et je lui en voulus presque de ne pas deviner que je ne m'en permettrais aucun ; mais comment s'en serait-elle doutée ? Peut-être cependant lut-elle sur mon visage un certain attendrissement dont je ne pouvais me défendre en la regardant et en songeant à la chère sœur défunte que venait de me rappeler cette chevelure sur le point d'être fauchée. Elle s'assit sans dire mot, me regardant toujours, l'œil humide, les lèvres serrées, et quand le coiffeur se baissa pour ramasser la gerbe d'or étalée à ses pieds : — Eh bien ! me dit-elle, eh bien ! après ?… A quoi bon ?

A quoi bon effectivement ? me répétai-je *in petto*. Pourquoi cette odieuse aggravation de peine ? Que gagne-t-on à jeter dans ces âmes déjà révoltées une rancune de plus, la plus futile peut-être, mais la plus amère de toutes ?... Sans rien laisser percer de ces pensées contraires à la discipline, je lisais attentivement les notes à transcrire sur le registre : « Jane Cameron, née à Glasgow, d'une famille mal notée ; deux condamnations antérieures ; enfermée cette fois pour quatorze ans. — Vol nocturne, compliqué d'une tentative d'assassinat, commis de complicité avec un accusé contumace. »

J'avais bien choisi, vous le voyez, l'objet de mes naissantes sollicitudes. Comme vous égare parfois un premier mouvement ! N'importe, Henry Gillespie, cette malheureuse est votre compatriote, et pour cela seul j'aurai l'œil sur elle, je veillerai à ce qu'on use de ménagements envers ses premières rébellions ; les conseils, les encouragements ne lui manqueront pas, et ce ne sera pas ma faute en vérité, si, protégée à son insu par un lointain souvenir, elle n'a pas à se féliciter d'être née sur ces bords de la Clyde, que vous décriviez avec un si vif enthousiasme. Vous imaginez bien que je me suis gardée de lui communiquer ce romanesque programme. Elle n'a vu de moi qu'un front sévère, une impénétrable rigidité. Pourtant son regard me suivait encore au moment où on l'emmenait, et ce regard semblait chercher le défaut de la cuirasse qui me protège ou doit me protéger contre toute faiblesse.

Laissons là cette jeune femme, qui dès demain peut-être aura cessé de me préoccuper, et parlons de la vie que je mène ici. J'ai pour garant de votre curiosité à cet égard le désir que j'ai de savoir comment se passent pour vous les pénibles journées de l'apostolat. Vous devez subir de terribles épreuves ; mais vous êtes libre, vous suivez une route qui chaque jour vous met en face de quelque nouveauté inattendue, — aventure, péril, chasse, que sais-je encore ? — Ici rien de tout cela, rien que la règle et la routine quotidienne. La machine dont je suis un des plus humbles rouages marche constamment et à peu près du même train. Aux mêmes heures, les mêmes devoirs, désespérément mécaniques. Le matin, à six heures moins un quart, la garde nocturne, pressée d'en finir avec sa longue veillée, sonne la cloche et réveille la prison endormie. Un quart d'heure après, chaque prisonnière doit être vêtue et attendre, debout au seuil de sa cellule, la revue des matrones. Nous tirons en passant les verrous de la porte intérieure (précédée d'une grille), et on s'assure, d'un premier coup d'œil, que la prisonnière est là, valide et prête à reprendre sa tâche. Ce bruit des verrous, tirés et poussés à brefs intervalles, inaugure tristement la journée. On écoute ensuite le rapport de la matrone qui a fait le service de nuit. Elle signale les incidents qui ont pu se produire. Telle prisonnière a été indisposée ; telle autre a troublé le silence par des cris, des chansons, des excitations à la révolte ; une troisième a nécessité l'intervention des gardiens par une de ces folles tentatives qu'on appelle « un éclat [5], » et qui sont en effet comme l'explosion de quelque volcan intérieur, le dernier mot de l'ennui et de l'obéissance forcée. Ensuite la vie recommence. Sous les ordres d'une matrone, un certain nombre de femmes vont gratter et balayer les dalles de chaque *ward*. Nos meilleurs « sujets, » — en très petit nombre, — font nos lits et mettent nos chambres en bon ordre. Les cellules cependant sont nettoyées et rangées ; sur la couchette repliée, les draps, la couverture de laine, le châle et le chapeau de la prisonnière sont exactement étages. La table de bois blanc a été frottée, le pavé passé au grès. A sept heures et demie, on distribue le cacao. Une de nous, accompagnant la femme qui fait ce service, s'assure qu'une pinte de ce liquide, plus un morceau de pain du poids de quatre onces, ont été fidèlement remis à chaque *convict*. Après ce premier repas, et lorsque la pinte d'étain a été lavée, fourbie par la prisonnière elle-même, qui la garde par devers elle, chacune se met au travail. Les débutantes n'ont qu'une besogne purement mécanique : chanvre à trier, étoupe ou charpie à faire. Nos couturières les moins expertes, — parmi celles qui ont passé le « temps d'épreuve, » — fabriquent des sacs de grosse toile ; les autres font des chemises pour les prisonniers de l'établissement, — car Millbank est en même temps prison d'hommes et prison de femmes. — Chacune travaille dans sa cellule, séparément et en silence. C'est plus tard seulement, et lorsqu'elles auront mérité par plusieurs mois de bonne conduite leur envoi dans un pénitencier moins rigide que, soit ici, soit ailleurs, on leur accordera une compagne, et que la causerie leur sera permise. A neuf heures un quart, la cloche de la chapelle donne le signal du service religieux, qui commence un quart d'heure après. Chaque matrone y conduit son troupeau spécial, dont elle compte soigneusement les ouailles à la sortie et à l'entrée des *wards* qu'elles traversent. A midi et demi, on distribue l'eau destinée aux ablutions. A une heure moins un quart, le dîner, composé de viande bouillie (quatre onces), pommes de terre (une demi-livre) et pain (six onces). Le travail reprend ensuite, et la voix seule des matrones rompt çà et là le silence de la vaste maison. Une heure par jour est consacrée à prendre l'air. Le personnel de chaque *ward* descend en masse, chacun à son heure et chacun sous la surveillance de sa matrone, dans la cour destinée à cet usage (*airing-ground*). Les prisonnières, à la file l'une de l'autre, en font le tour sans s'adresser la parole : au moins la règle le veut ainsi ; mais pour peu que la matrone se relâche d'une surveillance exacte, la règle en ceci est volontiers éludée. On se parle à voix très basse, les yeux à terre, sans le moindre geste, en prenant soin de se taire dès qu'on se rapproche de la surveillante, qui l'hiver grelotte sous sa pèlerine fourrée, et l'été s'endort accablée de chaleur au bruit monotone des pieds traînant sur le sable. Rien de plus ennuyeux que cette promenade quotidienne, pendant laquelle on a parfois grand'peine à se tenir éveillée, bien que la moindre somnolence vous expose aux plus vives semonces, et même à une suspension provisoire. Un jour de cet été, emportée par mes rêves dans ce joli jardin du prieuré où tant de fois nous avons échangé nos impressions d'enfance et nos plans d'avenir, je sentais mes yeux se fermer et se perdre toute notion du monde réel, quand une main charitable, imprimant une légère secousse à mon mantelet, me tira de cette engourdissement périlleux. C'était une prisonnière qui me mettait ainsi sur mes gardes, sans trop s'inquiéter de la malveillance ironique avec laquelle les autres me regardaient en défilant devant moi. Ce n'était pas grand'chose, me direz-vous, et certainement dans le monde où nous avons vécu rien de plus simple ; mais ici tout change de proportions, et la plus légère marque de sympathie de prisonnière à gardienne est une sorte de phénomène. Pour ce qui me regarde, je fus touchée, presque jusqu'aux larmes, de cet obligeant procédé ; mais je me gardai d'en faire semblant. La moindre marque de reconnaissance eût éveillé de terribles jalousies et provoqué de terribles rancunes.

Après la promenade, le travail reprend de plus belle jusqu'à cinq heures et demie, heure où l'on emplit de gruau les pintes laissées dans chaque cellule. Les matrones profitent de ce moment pour prendre le thé dans leurs *mess-rooms*. Quelques prières sont lues ensuite à voix haute par une de nous, debout au centre de chaque *ward*, de telle sorte que les prisonnières, également debout derrière le grillage de leur première porte, puissent avec un peu d'attention n'en pas perdre un mot. L'appel se fait ensuite, et le travail se poursuit jusqu'à huit heures un quart, où s'opère la remise des ciseaux distribués le matin. La lecture (facultative), les menus rangements, etc., remplissent le quart d'heure suivant. Les prisonnières préparent leur lit vers huit heures et demie. A neuf heures moins un quart, les matrones passent le long des couloirs, fermant du dehors le robinet de gaz qui éclairait chaque cellule, et, les prisonnières une fois couchées, nous sommes censées avoir terminé notre besogne quotidienne, à l'exception de celle d'entre nous qui, prenant sa veillée au coup de neuf heures et faisant ses rondes tout à loisir, doit passer au moins une fois par heure devant la porte de chaque cellule, toujours prête à rendre compte du moindre accident, de la moindre indisposition, de la moindre tentative de révolte.

Je n'en dirai pas plus long aujourd'hui. Vous resterez sous cette impression, et j'aime à me figurer que vous prendrez quelque pitié de la pauvre Lydia Weston en vous la représentant ainsi, dans les longs couloirs de Millbank à peine éclairés, l'œil et surtout l'oreille au guet, cherchant à surprendre dans le moindre trouble de respiration un indice de maladie, arrêtant ces mystérieuses correspondances que les prisonnières établissent d'une cellule à l'autre par le moyen des signaux les plus ingénieux, ou bien encore échangeant quelques mots, à travers la double porte d'un cachot, avec une pauvre femme que fuit obstinément le sommeil. De temps à autre, — c'est la consigne, — il faut pousser jusqu'aux *dark-cells*, les cachots de cette prison, les cryptes obscures où les plus indomptables, les plus farouches de ces créatures perverties, après avoir mis en pièces le mobilier qu'on est obligé de leur laisser, réduit en charpie les draps de leur lit, tordu les tuyaux de gaz, fait voler en éclats le vitrage de la fenêtre qui leur donne le jour et l'air, enfin après avoir lutté contre les subalternes appelés pour venir à bout de leur résistance obstinée, ont été traînées, furieuses encore et pantelantes, épuisées de cris, énervées, inertes, l'écume et l'injure aux lèvres, dominées par on ne sait quelle fièvre bestiale. Même là il faut veiller sur elles, s'assurer que le délire dont elles sont la proie ne les emporte pas jusqu'au suicide, écouter leurs plaintifs hurlements assourdis par l'épaisseur des murs, démêler dans leurs rauques imprécations les menaces qui méritent qu'on y prenne garde, et, parmi ces chants qu'elles entonnent d'une voix enrouée, surprendre au besoin les indices de quelque dangereux complot, — parfois, en échange d'un conseil amical, recevoir une volée de blasphèmes ou d'obscénités, — parfois, si la fatigue ou quelque bon mouvement vient à notre aide, obtenir quelques instants de silence, un retour de calme, un essai de sommeil.

Je me demande çà et là, comparant ces longues nuits sans repos à celles que je passais sous le toit fleuri du prieuré, si je ne suis pas le jouet de quelque hideux cauchemar, si ce fantôme errant qui, du soir au matin, sans fin ni trêve, à pas comptés et muets, épiant, écoutant, devinant, tour à tour effrayé, attristé, rebuté, parcourt à la façon des spectres les longs corridors et les vastes cours de cette demeure agrandie par les ténèbres, je me demande encore une fois si ce fantôme est bien Lydia Weston, l'enfant chérie que vous avez connue, la reine du foyer de famille, le « doux trésor, » — comme disait ma mère, — dont le sourire était une fête, et le bonheur une loi suprême à tous imposée… Adieu, mon ami, mon lointain ami ! .. Je ne serais ni si triste, ni si affectueuse, si ces lignes ne devaient aller vous chercher à quinze cents lieues d'ici. En supposant qu'elles partent, vous les recevrez dans trois mois au plus tôt, et vous pourrez vous demander en les lisant si ces impressions découragées n'ont pas fait place à des sentiments plus dignes de moi,… je dirais volontiers plus dignes de vous.

II

Millbank, juin 1857.

Je me suis promis de ne jamais rester trop longtemps sans vous parler de moi. C'est un besoin de mon cœur, une soif de mon esprit, que de maintenir, malgré notre séparation peut-être éternelle, un lien quelconque entre vous et moi. Ma première lettre est encore là, dans le fin fond de mon tiroir, et si je me décide enfin à vous l'expédier, je veux au moins vous prémunir contre le désastreux effet que ne manqueraient pas de produire sur vous des doléances tant soit peu exagérées. On n'est pas femme pour rien, c'est-à-dire la créature du jour et de l'heure, soumise aux caprices du vent qui souffle, de la pluie qui tombe, comme à l'influence du soleil qui sourit et de la fleur qui sème ses parfums autour d'elle. On n'a pas non plus impunément contracté certaines habitudes d'esprit plus ou moins romanesques dans le commerce des beaux esprits contemporains. Songez-y, s'il m'arrivait jamais de retomber dans des exagérations pathétiques dont je suis honteuse et dont je prétends me corriger en vous écrivant.

A part un petit incident que je vous raconterai plus tard et qui sera pour cette fois comme le « bouquet » de mon feu d'artifice, tout a bien marché depuis six mois. Mes collègues sont, généralement parlant, très polies et d'un commerce beaucoup moins difficile que leur genre de vie ne le ferait supposer. Quelques rivalités sournoises, quelques antipathies, pour ainsi dire indispensables, ne sont que des ombres légères jetées sur un ensemble suffisamment harmonieux. — On est rattaché, relié par le besoin d'assistance et la solidarité de périls qu'engendre une situation comme la nôtre. Les services mutuels qu'on est appelé à se rendre chaque jour réparent les petites brèches qui, chaque jour aussi, peuvent résulter d'un perpétuel contact. En somme, tout va bien de ce côté.

Quant à nos prisonnières, c'est différent, et je suis tentée de croire qu'à fort peu d'exceptions près on leur accorde plus de pitié qu'elles n'en méritent. Charles Dickens, dans un de ses *Contes de Noël*, affirme éloquemment que, si déchues qu'elles soient, elles ont encore toutes dans la main quelques lambeaux de ces plantes arrachées à la pente du précipice où elles ont roulé faute d'une barrière interposée entre elles et ses bords glissants. L'image est belle, la pensée peut être vraie… pour quelques natures spéciales ; mais j'ai bien souvent cherché, j'ai bien rarement trouvé trace de cette chute involontaire qui se raccroche au moindre rameau et ne s'achève que faute d'une prise assez solide. Nos *convicts* sont en général horriblement perverses, trompeuses, rusées, méchantes, sans pudeur, sans aucune de ces susceptibilités particulières qui honorent notre sexe. Je ne réfléchis jamais à cette collection d'êtres dégradés sans me rappeler ces deux vers de notre plus éminent poète, parmi ceux qui vivent encore :

….. Men at most differ as Heaven and earth

But women, worst and best, as Heaven and hell [6].

Je l'avoue à regret, rien n'est plus exact. Les prisons d'hommes ne sauraient nous fournir un seul échantillon qui se puisse appareiller à ce que nous avons de pire en fait de créatures absolument, irrémédiablement mauvaises, réfractaires à ce point de lasser la patience la plus chrétienne et de mettre au défi les plus inflexibles agents de la répression sociale. Châtiments après châtiments les mènent au seuil du tombeau sans les faire un instant reculer. Un pas de plus, et la punition devient crime : il faut s'arrêter, il faut céder, sinon vous avez usurpé le droit formidable de vie et de mort. Je ne parle ici, bien entendu, que de certaines exceptions. La tourbe est vulgaire ; l'instinct la domine, le vice l'étourdit, l'ignorance l'aveugle, la réflexion et l'esprit de suite lui font absolument défaut. Quand par hasard une femme tant soit peu élevée, tant soit peu instruite, tombe dans ce milieu déplorable, elle y est dépaysée, embarrassée au possible. Les autres tournent autour d'elle, inquiètes elles aussi, flairant l'étrangère, ne retrouvant pas leur pareille, étonnées, presque irritées. « Vous avez été mieux élevée que nous, disaient-elles l'autre jour à une de ces *ladies* déclassées, vous n'auriez pas dû venir ici. » Et c'était pitié de voir cette pauvre femme, de ses mains encore blanches et délicates, gratter péniblement le pavé de sa cellule. — *Oh ! dear !* me demandait-elle tout essoufflée, pensez-vous, miss, que ceci suffise ?… Je pourrais frotter un peu plus fort, s'il le faut absolument…

En supposant que nos journaux parviennent jusqu'à vous et que vous preniez la peine de lire le compte rendu des procès criminels, vous connaissez de nom la personne qui me tenait ce langage. C'est Elisabeth Harris, condamnée à mort, le 9 mars dernier, pour avoir fait périr deux enfants qu'un lâche séducteur avait laissés à sa charge. Mère d'un troisième dont le père l'appelait à Portsmouth, où il lui laissait espérer qu'il s'établirait définitivement avec elle, cette malheureuse vit dans les deux aînées un embarras, un obstacle peut-être à quelque mariage futur, et les noya de sang-froid dans une petite rivière voisine de la station où elle allait prendre le chemin de fer. La seule excuse dont elle put se prévaloir devant les juges fut que ces deux petites étaient sans protecteur ici-bas, tandis que la troisième en avait un. Sa terreur, son désespoir furent extrêmes pendant la durée des débats ; on dut l'emporter plus morte que vive après l'arrêt prononcé. Une commutation de peine nous l'a renvoyée ; et selon toute apparence elle finira ses jours à Millbank ou à Brixton. Elle compte parmi nos *convicts* les plus faciles à vivre et les mieux disciplinées. Règle générale, il en est ainsi de presque toutes les condamnées pour meurtre. Il est rare qu'elles nous viennent des classés les plus infimes, — je veux dire des plus ignorantes, des plus dépravées. La sentence définitive qui pèse sur elles, au lieu de les exaspérer, semble les tenir affaissées et briser en elles tout ressort de volonté. Pour celle-ci, un premier adoucissement de peine est peut-être le gage d'une commutation ultérieure. Qui sait si dans quinze ou vingt ans d'ici, à force de zèle et de docilité, de grades conquis, de bonnes notes obtenues, elle ne verra pas les portes de la prison s'ouvrir enfin ? Raisonne-t-elle ainsi ? Je ne sais. Ce qui est certain, c'est qu'elle ne querelle jamais ses camarades, n'entretient avec aucune d'elles une de ces amitiés suspectes qui sont la plaie des établissements comme le nôtre, travaille avec Une bonne volonté soutenue, et se montre envers nous d'une politesse exemplaire. Un bon procédé ne la trouve pas ingrate ; en revanche, elle est quelquefois mordue au cœur par ces jalousies féroces qui gênent la bienveillance naturelle des matrones et leur désir de se concilier leurs subordonnées. En pareil cas, elle ne montre ni colère ni insolence. Seulement elle couve, pour ainsi dire, d'un regard noir la prisonnière à qui elle envie une parole affectueuse, un léger privilège, et ne répond plus à nos questions que par de laconiques monosyllabes.

Étrange petit monde que le nôtre ! On y retrouve, en germe ou pleinement développées, toutes les passions qui fermentent par-delà nos hautes murailles. Devrait-on s'attendre à ce que la vanité féminine, l'amour de la toilette, le désir de mettre dans tout leur relief les avantages physiques dont on se croit doué, puissent pénétrer jusque dans cet abîme clos et perdu ? Il y existe pourtant et revêt le caractère d'une vraie mono manie, d'une contagion irrésistible. On a vu des prisonnières lécher patiemment le plâtre des murs et s'approvisionner ainsi de je ne sais quel affreux cosmétique, sur la nature duquel je n'ai pas à m'expliquer. Une autre, qui se fardait régulièrement, nous avait mis l'esprit à la torture, car on ne pouvait savoir où elle prenait son rouge, et plusieurs fouilles successives avaient été pratiquées dans sa cellule, sans donner aucun résultat. Le mot de l'énigme a été trouvé ces jours-ci. L'étoffe bleue avec laquelle se fabriquent les chemises destinées aux prisonniers de Millbank est un croisé de coton çà et là traversé d'une raie écarlate. La coquette dont je parle, effilant brin à brin ces bandelettes éparses, s'était ainsi procuré une collection de charpie qui, longtemps détrempée dans un peu d'eau, lui avait fourni ce fard dont elle usait, au grand désespoir de ses rivales. Une troisième, — des plus intraitables par parenthèse, — désolée que le disgracieux uniforme des *convicts* fît si mal valoir ses formes élégantes, avait fini par allonger la taille de sa robe, — Dieu sait moyennant quelle industrie et quelle patience, — puis avec des fils de fer enlevés un par un aux fenêtres des cellules spéciales où sont renfermées les prisonnières en punition, elle s'était bâti un étroit corset dans lequel sa fine taille se trouvait si durement maintenue qu'un beau jour à la chapelle la malheureuse, à demi étouffée, perdit absolument connaissance. Ainsi se dévoila un mystère sur lequel mainte et mainte matrone avait prudemment fermé les yeux, pour ne pas provoquer un éclat que faisait redouter l'extrême violence de cette belle et hardie jeune fille.

Une épingle double, un de ces petits peignes qui maintiennent les cheveux, un débris de miroir, si menu qu'il soit, deviennent ici d'inappréciables trésors. Il n'est pas de prières, au besoin pas de fraudes qu'on n'emploie pour se les procurer. L'uniforme, qui, j'en conviens, manque d'élégance, est en horreur à celles qui le portent. Le chapeau de paille, espèce de cloche informe sans la moindre garniture, leur déplaît particulièrement. Le bonnet au contraire jouit d'une certaine popularité : on le trouve séant, et il se prête d'ailleurs à d'heureuses modifications. Chaque prisonnière s'évertue en conséquence à imaginer des plis, des tuyaux, des combinaisons de tout ordre qui ajoutent à la bonne grâce de cette coiffure. Sur le mérite ou le démérite de pareilles inventions, les juges compétents se prononcent, et la mode nouvelle est acceptée ou rejetée. Mais pourquoi railler ? Ne sommes-nous pas, nous autres matrones, préoccupées également de ces vanités de toilette ? Je n'en veux pour preuve que la position hors ligne d'une des *convicts* (Eliza Trent est son nom) et l'indépendance, la considération dont elle jouit. Petite, chétive, d'une santé misérable, habitant l'infirmerie pendant un tiers de l'année, cette méchante fée, hypocrite comme Tartuffe lui-même, ne semble née que pour répandre les mauvais propos, faire éclore les haines et les attiser, jeter sur le feu des colères qu'elle a suscitées l'huile malsaine de ses exhortations. Ici, où chaque femme a sa compagne préférée, — sa *pal*, comme elles disent, — aucune n'a contracté amitié avec cette espèce de vipère, dont la malice finit par se laisser deviner. — Ah ! qu'elle y prenne garde ! s'écriait l'autre jour une des femmes du même *ward*, si elle se mêle de mes affaires, dût-il m'en coûter vingt et un jours de cellule noire, je secouerai à les briser les os de ce malfaisant squelette. — Eh bien ! mon ami, vous aurez peine à le croire, Eliza Trent jouit ici d'une espèce de prépondérance ; elle dicte ses lois, on les subit. De son autorité privée, elle a modifié tout récemment le tarif des salaires au profit de celles de nos femmes à qui reviennent les travaux de couture. Elles avaient droit à une prime hebdomadaire de huit *pence*, et désormais, — Eliza Trent l'a voulu ainsi, — elles auront un shilling. L'augmentation n'est pas fort considérable, je le reconnais, et je la trouve en définitive assez équitable, puisqu'elle met tout simplement les travaux d'aiguille au niveau des autres besognes exécutées par nos prisonnières. Encore faut-il convenir qu'il est extraordinaire de voir une *convict* faire ainsi prévaloir sa volonté, lorsque l'unique raison de cette anomalie est le talent exceptionnel de cette fille, qui fait les robes comme les meilleures ouvrières du West-End. Naturellement elle les fait à ses heures, pour qui elle veut, donnant la préférence à qui sait le mieux la courtiser et se familiariser avec elle, ou bien encore à l'étoffe qui lui paraît la plus attrayante. La laine est à peu près exclue de son petit atelier, et ses favorites seules, parmi les matrones, obtiennent un uniforme taillé, assemblé de ses mains habiles. Généralement parlant, il lui déplaît de manier, d'ajuster d'autres étoffes que la moire, le satin, le taffetas, le velours. — *I very much object to common dresses*, vous dira-t-elle avec un sang-froid merveilleux. Il n'est point agréable d'opérer sur des matériaux de mauvais aloi… Quand vous aurez une belle étoffe de soie, nous verrons ce qu'on en peut faire.

Voilà de singuliers détails pour un correspondant aussi sérieux que vous ; mais, outre que j'aime, en vous écrivant, à laisser courir ma plume, à penser, à me souvenir tout haut, ces détails constituent la préface du récit qui me reste à vous faire, et dont je ne voudrais pour rien au monde exagérer les côtés dramatiques. Parmi les *convicts* dont je suis plus spécialement chargée, se trouve une certaine Edwards, que je soupçonnais de n'avoir pas la tête bien saine, et qui, depuis quelque temps, plus indocile, plus insolente chaque jour, me donnait à craindre quelque escapade. Certains mots échappés à ses compagnes les plus habituelles, une phrase ambiguë que j'avais relevée dans un billet intercepté qu'elle adressait à sa *pal*, logée dans le *ward* contigu au nôtre, me prouvèrent qu'Eliza Trent avait encore fait des siennes en excitant contre une de nos prisonnières, — je vous dirai tout à l'heure contre laquelle, — la susceptibilité morbide d'Edwards. Les choses en étaient là lorsqu'un soir de la semaine dernière cette femme, qui travaillait derrière sa grille, me vit arriver par un long corridor dont j'avais négligé de tirer la porte après moi. Au bout de ce corridor est la cour du *ward* voisin, et dans cette cour on entendait les voix de deux de nos femmes engagées dans je ne sais quelle discussion. De l'air le plus uni du monde et avec une politesse dont elle m'avait fait perdre l'habitude, Edwards me pria d'entrer un instant pour lui donner quelques indications sur le travail qui l'occupait. Toute requête de ce genre est complaisamment accueillie par, les matrones qui ont à cœur de se concilier leurs subordonnées. J'ouvre donc avec mon passe-partout la grille protectrice,... et quel n'est pas mon effroi lorsque cette même créature, tout à l'heure si calme, si posée, si humblement suppliante, jetant là ses aiguilles et tirant de sa poche un couteau tout ouvert, s'élance sur moi comme pour me frapper ! Je me crus morte, Harry Gillespie, et dans ce moment même j'ai comme un ressentiment de la froide angoisse qui suspendit alors les battements de mon cœur... Edwards cependant passa devant moi, me repoussant du coude, et prit ensuite sa course, le couteau levé, dans la direction de la porte ouverte. — Cette fois, avait-elle dit, cette fois j'aurai ta vie !... — Ces mots furent pour moi comme un jet de lumière, et, les rapprochant de cette légère altercation dont le bruit avait tout récemment frappé mon oreille : — Jane, m'écriai-je aussitôt que la voix me fut revenue, Jane Cameron, garde à vous !... fermez la porte ! — Ce dernier ordre ne pouvait être exécuté en temps utile, Edwards ayant déjà franchi les deux tiers du couloir ; mais l'avis sauveur ne fut pas perdu, car une de mes collègues, qui se trouvait heureusement près de l'issue par laquelle

Edwards allait s'élancer, survint assez à propos pour se jeter sur elle et se cramponna par derrière à son cou. Malgré ce fardeau, qui la gênait sans l'arrêter, la folle courait encore vers l'objet de son implacable vengeance ; mais celle-ci, jeune et leste, eut le temps de se dérober dans un réduit à provisions dont la porte par bonheur était ouverte. Les autres matrones du *ward* accouraient d'ailleurs en force, et notre furieuse, assez avisée pour voir que l'occasion de se venger était désormais perdue, jeta immédiatement son couteau.

Je dis à dessein la « folle, » car à partir de ce moment la monomanie homicide d'Edwards se manifesta sans contrainte. Au fond de la *dark-cell* où elle demeura enfermée pendant trois fois vingt-quatre heures, elle ne faisait que redire sur tous les tons, chanter sur tous les airs, hurler avec tous les blasphèmes imaginables ces mots qui m'avaient révélé son dessein : — J'aurai sa vie… oh ! oui, je l'aurai, je l'aurai, je l'aurai !…

Vous me demanderez peut-être comment on méconnaît, en pareille occurrence et dans un établissement tel que le nôtre, la nécessité de parer à ces sortes d'accidents, beaucoup moins rares qu'on ne le croirait. Parmi nos *convicts*, il en est toujours un certain nombre, — une douzaine pour le moins, — dont l'état mental inspire des doutes plus ou moins fondés ; mais avant de se décider à les faire passer dans l'*asile* de Fisherton, — notre déversoir spécial en pareil cas, — les médecins de Millbank, retenus par une foule de scrupules, épuisent volontiers les expédients dilatoires. Peut-être croient-ils de préférence à la folie simulée, qui n'est effectivement pas sans exemple et qui a facilité plus d'une évasion ; peut-être supposent-ils que, si l'aliénation mentale des prisonniers était fréquemment constatée, on en tirerait des conclusions défavorables au régime pénitentiaire actuel ; peut-être enfin ne s'alarment-ils guère des conséquences que peut avoir la présence d'un être privé de raison dans une communauté aussi exactement surveillée que la nôtre. Quoi qu'il en soit, — et dussiez-vous sourire de cet aveu naïf, — je regarde comme un grave inconvénient de la position que le sort m'a faite le perpétuel contact qui met ma vie à la merci d'un caprice fou, d'une volonté aveugle, d'une raison oblitérée. Au moins demanderais-je qu'on logeât à part, dans un *ward* spécialement adapté à leur situation, ces pauvres égarées dont leurs compagnes disent avec un hochement de tête significatif : — *She is not all there* ; elle n'est pas toute ici.

Mais revenons à Jane Cameron. Je vous avais promis de veiller sur elle, et vous voyez que j'ai tenu ma parole, non pas cependant comme je l'avais donnée, car j'espérais la faire entrer dans mon *ward*, et ceci ne m'a pas été possible. Malgré tout, je n'ai pas perdu de vue la compatriote d'Henry Gillespie. Celles de mes collègues qui l'avaient directement sous leur main ne m'ont rien laissé ignorer de ce qui la concerne. Elles la classent parmi les *indécises*, également capables de bien ou mal tourner suivant les circonstances. Son ignorance est extrême : aucune notion religieuse ; à peine quelques vagues idées de cette distinction élémentaire qu'on peut établir entre le bien et le mal absolu, entre la probité par exemple et l'habitude du vol. Encore est-elle portée à partager le monde tout simplement en gens qui ont trop et gens qui n'ont pas assez. Par préférence, elle se placerait dans la première des deux catégories. La condamnation qui la frappe est à bien long terme ; mais elle est jeune encore, et dans son heureuse inexpérience ne pèse pas toutes les chances qu'elle a de finir ses jours entre ces noires murailles, victime de la nostalgie des prisons, qui, vers la quatrième ou cinquième année de leur captivité, frappe tant et tant de victimes. On me la signale comme sujette à des emportements subits. Elle aime, elle hait avec violence, obstinément. Par malheur, elle a pris en mauvais gré la matrone de son *ward*, et tout au contraire en vraie passion une de ses compagnes, Susan Marsh, que je connais pour une des plus mauvaises parmi nos mauvaises, jolie comme un ange, menteuse au-delà de l'imaginable, fine langue et cœur flétri, se plaisant à jouer en toute circonstance le rôle de « l'avocat du diable » et à détruire en germe la moisson que nous semons si péniblement. Notre pieux chapelain n'a pas d'ennemie plus cruelle, plus acharnée à le tourner en ridicule, à calomnier ses intentions, à calmer les craintes qu'il veut inspirer, à troubler la foi qui s'éveille, à faire évanouir tout espoir de retour au bien. En ceci surtout elle excelle, et sans avoir l'air d'y toucher. Pour moi, c'est un vrai phénomène que la perversité précoce de cette enfant, dont les dix-sept ans et le charmant visage, l'excellente tenue, la physionomie à la fois avenante et respectueuse, préviennent favorablement les âmes les mieux défendues. Comment reconnaître le *Mephis* de Goethe dans cette jolie fillette un peu mièvre (car elle est d'une santé délicate), que ses habitudes tranquilles éloignent de tout éclat, et qui s'arrange pour ne jamais encourir le plus léger châtiment ? Comment le méconnaître en revanche, quand on sait par les *pals* qu'elle a trahies, ou par les *stiffs* [7] qu'on a pu surprendre, quelles pensées coupables, quelles aspirations criminelles sont masquées par cet extérieur si doux et si séduisant ?

Voilà, trait pour trait, Susan Marsh, la *pal* que Jane s'est choisie, l'objet décevant dont elle est éprise, car je ne sais pas d'autre mot pour caractériser le dévouement passionné, jaloux, exclusif, implacable, que quelques prisonnières inspirent ou ressentent. A ces êtres généralement bornés il donne la subtilité du serpent, il leur fait inventer, pour se voir, se parler, s'écrire, des stratagèmes inouïs, d'autant plus malaisés à déjouer que, par une sorte d'esprit de corps et de point d'honneur, toutes nos convicts s'en font au besoin les complices. Un mot échangé au passage sert de prélude à ces liaisons bizarres, un sourire les scelle définitivement. Le *palling up* est formé. Un intérêt nouveau rattache désormais à la monotone existence qu'elles traînaient au pied comme un boulet les deux nouvelles amies. L'idée que quelqu'un pense à elle, s'occupe d'elle, tient à être préféré par elle, a d'irrésistibles charmes pour une malheureuse créature abreuvée d'indifférence et de mépris. Elle s'y abandonne avec délices et bientôt avec une sorte de fureur, car ces passions féminines se compliquent de terribles orages. Les séparations ne sont pas rares dans ce perpétuel mouvement d'une prison presque toujours encombrée. On en est réduit alors à s'écrire. Peu à peu, dans le cœur d'une des deux *pals* s'efface l'image de l'autre. Ses billets deviennent plus rares et plus froids. Angoisses et soupçons de l'amante fidèle et trahie, reproches amers, éclats de désespoir, serments de vengeance, brouillerie finale, et bientôt après liaison nouvelle, le tout dans l'espace de huit ou dix mois.

Vous vous demanderez peut-être pourquoi nous n'essaierions pas, nous autres matrones, de nous substituer, dans l'affection de nos subordonnées, à ces indignes objets d'un attachement toujours déçu, toujours fécond en malsaines influences ; mais, à parler franchement, croyez-vous que cela soit si facile ? Nous représentons l'autorité, la contrainte, invariablement suspectes, invariablement maudites. Indépendamment de ceci, la comparaison que nos prisonnières ne sauraient manquer d'établir entre notre existence et la leur, l'estime dont nous sommes dignes et la honte méritée qui les accable, notre passé irréprochable (ou présumé tel) et la flétrissure qu'elles ont subie constituent un nouvel empêchement. Autre obstacle : la règle maintient entre nous une ligne de démarcation qui oppose en quelque sorte une muraille de glace aux plus ardentes sympathies. Toute familiarité nous est expressément interdite, comme nuisible à notre prestige. Nous devons repousser, à l'égal d'une tentative de corruption, les marques d'intérêt que telle ou telle *convict* voudrait nous donner. Vous voyez d'ici que nous ne sommes pas dans de bonnes conditions pour obtenir une préférence d'ailleurs assez peu flatteuse en elle-même.

Le lendemain du jour où j'avais, chose bien simple, détourné de Jane Cameron l'attaque furieuse dont elle allait être l'objet, j'obtins sur son compte quelques renseignements qui me firent de la peine. Susan Marsh était en coquetterie réglée avec une nouvelle venue, et l'imminente infidélité de sa *pal* jetait votre jeune compatriote dans une véritable exaspération. Tout faisait prévoir un de ces *éclats* qui, en provoquant de rudes châtiments, créent par là même de funestes rancunes et jettent d'insurmontables obstacles sur la route du vrai repentir. Je sollicitai, j'obtins la permission d'aller l'entretenir à ce sujet. A travers sa grille, je la vis qui s'essuyait les yeux. — Cameron, lui dis-je, contez-moi ce qui vous fait ainsi pleurer.

Ma voix, qui n'était pas celle de sa surveillante habituelle, la fit tressaillir. Elle jeta de mon côté un regard automatique. — Je n'ai rien, me répondit-elle ensuite avec cet accent écossais dont quelques intonations vous rappellent à moi d'une façon surprenante.

— Vous venez de pleurer… Seriez-vous souffrante ?… Quelqu'un vous a-t-il contrariée, blessée ?… L'ouvrage vous déplairait-il ?

— A quoi ces questions peuvent-elles mener ?

— A connaître vos griefs, à y faire droit, s'ils sont fondés. Nous ne voudrions pas vous voir en révolte.

— Vraiment ?… Cela vous ferait donc quelque chose ?

— Cela me serait très pénible.

— Eh bien tant pis ! Je veux en effet me révolter,… un *break* me fera du bien.

— Le ton de Cameron était celui d'une personne qui a pris son parti. Grâce à l'influence d'un chagrin jaloux, ses mauvais instincts étaient revenus en force. Sur ce cœur aigri, la douceur pouvait seule avoir quelque prise.

— J'espère, Cameron, que cela ne sera point.

— Vous *espérez*, reprit-elle fort étonnée de ce que je ne relevais pas son défi. Est-ce pour votre compte ou pour le mien ?

— Pour le mien peut-être un peu,... mais pour le vôtre bien davantage.

Elle hocha la tête d'un air passablement incrédule. Pourtant une sorte de curiosité lui vint de savoir à quelle étrange espèce appartenait une personne qui lui témoignait un intérêt si gratuit.

— Bah ! dit-elle tout à coup, vous n'imaginez peut-être pas faire de moi ce qu'on appelle une brave femme ? Ce serait une nouveauté, ma bonne miss, et je suis un peu vieille pour changer à ce point.

— J'ai là-dessus une tout autre opinion, et malgré tout, Cameron, j'espère en vous… Tenez, continuai-je, augurant bien du jeu de sa physionomie, faisons pour ce soir une petite convention… Il reste entendu que vous ajournerez votre *break*.

— Pour vous faire plaisir ?

— Oui, pour me faire plaisir, La, est-ce chose dite ?

— Soit ! *pour vous faire plaisir.*

— Bonne nuit, Cameron.

— Bonne nuit.

Et je partis sans lui laisser le temps de se dédire. Cette bonne résolution enlevée avec si peu de peine me donnait bon espoir. Jamais voleur n'emporta la bourse d'un honnête homme avec une joie aussi triomphante que l'était la mienne. Ceci se passait un mardi. Le jour suivant ou plutôt la nuit d'après, j'étais de garde. Quand j'arrivai dans le corridor sur lequel s'ouvre la cellule de Jane, je me rapprochai de la grille par un mouvement involontaire, épiant, s'il est permis de parler ainsi, la respiration de la prisonnière endormie. Pour comprendre ce qui va suivre, il est bon de savoir qu'au bas de la porte pleine, avec laquelle la grille fait double emploi, les constructeurs ont laissé à dessein plusieurs pouces de vide, longue ouverture étroite qui facilite la ventilation et peut-être aussi laisse mieux entendre les bruits qui viendraient à se produire dans la cellule. Au moment donc où je m'arrêtais, où je me penchais pour écouter, les mots *bonne nuit, miss Weston !* arrivèrent à mon oreille, et je sentis en même temps un de mes pieds frôlé par une caresse. Je vous souhaite, mon ami, dans vos pénibles et périlleux travaux une compensation, une consolation pareille à celle-ci. Pensez donc que cette pauvre jeune fille m'attendait, qu'elle s'était privée de sommeil pour me guetter au passage, et que pour étendre sa main jusqu'à mon pied, par-dessous la porte, à travers la grille, il fallait qu'elle fût étendue, littéralement étendue sur la dalle glacée de sa cellule… Dites, mon ami, dites, cela n'est-il pas touchant ? Il est évident qu'à la suite de notre rapide conversation Jane s'était informée de moi ; on lui a dit qui j'étais, on lui a peut-être parlé de l'intérêt qu'elle m'inspire, enfin elle a dû savoir quel rôle providentiel j'avais joué dans cet incident qui pouvait lui coûter la vie. On comprend que chez une personne naturellement exaltée il y ait eu là de quoi déterminer un élan de reconnaissance ; mais est-ce bien à Millbank qu'on en attendrait des preuves pareilles ? Après cela, mon imagination s'exagère probablement la portée de cette action, qui pourra vous sembler la plus simple du monde. J'accepte d'avance la décision que vous porterez là-dessus, et le sourire par lequel vous accueillerez toutes mes puérilités. Je les accepte avec d'autant plus de résignation qu'ils ne m'enlèveront pas la joie dont j'ai le cœur plein depuis quelques jours, ni l'espérance où je vis de disputer cette jeune âme, avec quelque chance de succès, à ce découragement qui la paralyse, à cette ignorance qui l'égare, à ces souvenirs qui l'obsèdent, à ces tentations qui l'assiègent. Il y a là une lutte qui m'attire, et dont l'idée seule a transformé pour moi cette prison en une sorte de champ clos héroïque… Mais, mon Dieu, ne saurai-je donc jamais refréner ces emportements de la pensée, et faudra-t-il retomber sans cesse dans ce pathos que je vous sais si disposé à railler ? Tenez, je m'arrête, un peu brusquement, ce me semble, en tout cas un peu plus tard qu'il n'eût fallu, car j'hésite plus que jamais, quand j'examine ces deux lettres, à les expédier.

III

Millbank, novembre 1857.

Plusieurs mois écoulés ne m'ont pas enhardie, bien au contraire.

Les détails de l'existence routinière que je mène parmi des êtres vulgaires pour la plupart n'ont rien, ce me semble, qui puisse captiver à si longue distance un esprit comme le vôtre. Si vous étiez ici, j'ai confiance que vous vous intéresseriez à ce que devient Jane Cameron. Je tâcherai donc de me faire illusion et de vous supposer à côté de moi, pour trouver dans cette erreur volontaire le courage de continuer ma pénible tâche, compliquée de maint et maint déboire. Si vous m'interrogiez en effet, je n'aurais rien de très favorable à vous répondre. Par suite de deux *breaks* consécutifs à quelques semaines d'intervalle, Jane est à l'infirmerie, où sans faire semblant de rien, sans laisser voir à qui que ce soit la sincère compassion qu'elle m'inspire, j'ai déjà pu la visiter plus d'une fois.

Le malheur de cette enfant (moins par l'âge que par le développement de sa raison) est d'être tombée en mauvaises mains. A cet égard, il faut s'entendre : la matrone de son *ward* est une des plus estimables personnes que je connaisse et des plus exclusivement acquises à l'accomplissement de leur devoir ; mais elle est d'autre part trop entière, trop rectiligne, trop systématique, pour comprendre les ménagements, les concessions que réclament certains naturels inconstants, mobiles, passionnés, qui se refusent à la discipline moins à cause de sa rigueur que parce qu'elle comprime, très inutilement à mon sens, tout ce qu'elles ont de volonté primesautière et de fantaisies simplement illogiques. J'ai entrepris cette dame, à diverses fois et sans me livrer, au sujet de votre compatriote, dont il me semble qu'elle méconnaît le vrai caractère et dont elle désespère absolument, sans vouloir se rendre compte des maladresses par lesquelles sont quelquefois provoqués les éclats de cette humeur indomptable. Passant d'un extrême à l'autre, tantôt Jane se regarde comme définitivement perdue, tantôt elle réclame le bénéfice d'une conversion complète, dont elle est bien loin d'avoir donné les gages. Tout ce qui indique la moindre méfiance, tout ce qu'elle peut croire un signe de mépris l'exaspère comme si elle avait totalement oublié ce qu'elle est, le lieu qu'elle habite, la condamnation dont elle est frappée. Le motif de ses dernières révoltes est vraiment curieux. Classée parmi les prisonnières les moins dignes d'une faveur quelconque, elle aspirait naïvement à l'emploi le plus recherché, le plus brigué, celui de « femme de tour [8] ; » en d'autres termes, elle voulait être attachée au service de notre *état-major*, faire nos appartements, servir nos repas. Cet emploi spécial comporte quelques douceurs pour les *convicts* qui en sont chargées. Il les dispense d'un labeur ennuyeux et le remplace par une activité plus attrayante et plus variée. Les heures sont bien longues, qu'on passe à tisser du chanvre. Dresser un lit, ranger une chambre, mettre un couvert, même laver la vaisselle, — entendre, chemin faisant, une causerie animée, apprendre indirectement ce qui se passe dans cette vaste maison, — n'est-ce pas autrement divertissant ? D'ailleurs on reçoit ainsi une marque d'estime relative, un témoignage de confiance que nos femmes apprécient au-delà de ce que vous pourriez croire. Jane Cameron donc voulait être *femme de tour*, et miss Baly, sa matrone, ne voyait pas pourquoi cette distinction si enviée devait échoir à une personne si peu méritante. En somme, elle avait raison ; mais je ne sais si elle n'eût pas mieux fait d'avoir tort. Une réclamation de Jane froidement écoutée, repoussée d'un ton sec, amena quelques observations qui pouvaient être regardées comme insolentes. Pourquoi s'y arrêter, pourquoi les entendre ? La règle cependant prescrivait à miss Baly de punir, et la règle fut exécutée. Désormais Jane avait un grief, et se regarda comme l'objet d'une indigne persécution. Cette idée fausse devant inévitablement la conduire à de nouvelles fautes, réprimées comme la première avec une inflexible sévérité, la révolte finale ne pouvait à la longue manquer de se produire. Rentrée dans sa cellule et ruminant ses prétendus sujets de plainte, elle allait s'exaltant, s'aigrissant de plus en plus. Pourtant elle hésitait encore quand le bruit d'un « éclat » survenu dans une des cellules voisines vint mettre fin à ses scrupules. — De ce moment, disait-elle, sans s'expliquer autrement l'influence de cette espèce de contagion, je plantai là tous mes projets de sagesse. Aussi pourquoi me traiter de la sorte ? Me prenait-on pour une poule mouillée, moi, une des plus déterminées de Glasgow ? D'ailleurs je m'ennuyais trop, il fallait à tout prix changer un peu. Quand on est toute seule, la folie vous prend. Je regardai du côté où j'accroche mon balai... On me l'avait repris en m'apportant le gruau du souper. Ma couverture était là, sous ma main. Je me mis à rire, en arrachant le premier morceau, de l'esclandre que j'allais faire. — Eh quoi ! Cameron, cette Écossaise si rangée, si tranquille ?... Ah ! bien oui, vous allez voir. — Debout sur ma table et tenant en main

la pinte vide qui allait me servir de projectile, j'hésitais encore...
J'hésitais, et il m'avait pris une sorte de tremblement... Bah ! la
couverture, les draps étaient en charpie ; on aurait trop ri de moi,
si j'avais laissé la besogne à moitié faite. Je lançai le vase que je
tenais, et au moment où la vitre volait en miettes, je poussai un cri
à réveiller les morts...

Je passe la scène qui suivit, l'horrible lutte de cette femme, jeune
et robuste, avec les gardiens accourus pour la saisir. Un quart
d'heure après, elle était au fond de la *dark-cell*. — Au moment où
je commençais à battre la porte des pieds et des poings, me disait-
elle encore, je faillis tomber morte de peur. Du sein des ténèbres,
une voix rauque arriva jusqu'à moi : — Bravo, Cameron !.. A votre
tour, ma petite... Mais je ne vous croyais pas des nôtres... Allez
toujours !... criez de plus belle !... Je suis à bout, moi... J'ai crié
toute la nuit dernière... Et justement notre *scie* [9], cette abominable
miss Baly, couche au-dessus de nos têtes !... Hardi, Jane, empêchez
qu'elle ne dorme !...

Jusque-là, tout allait au mieux pour Cameron. La *dark-cell* lui
offrait, au lieu de solitude, une compagne, une occasion de causer
librement, loin de toute surveillance ; mettre en commun les
souvenirs du passé, conclure pour le présent une sorte d'alliance,
pour l'avenir échanger mille projets, rêver mille combinaisons,
dont aucune certainement ne se réalisera jamais, telle est
invariablement en pareil cas l'occupation favorite de nos femmes ;
mais on ne laissa pas celles-ci jouir longtemps de ces privilèges
mal acquis, dus à l'encombrement des *chambres noires*. Aussitôt
que possible, on transféra Cameron dans un cachot devenu
libre, et là pour la première fois elle apprit à regretter de s'être
mise en état d'insurrection. Elle est à la fois très nerveuse et très
superstitieuse. La réaction se fit donc assez promptement, et au
premier enthousiasme succéda ce qu'elle désigne elle-même par le
mot « d'horreurs : » ce sont ces formes hideuses dont l'imagination
peuple l'épaisseur des ténèbres, ces ailes froides qui battent l'air
obscur, ces reptiles visqueux qu'on croit entendre ramper autour de
soi. — J'en étais là, dit-elle, quand un rayon de lumière descendit sur
moi. On avait soulevé le battant matelassé qui recouvre la trappe.
Je reconnus derrière les barreaux le visage de notre matrone, et, ma
foi, je n'eus pas honte de lui demander quelque chose à faire... Dans

l'obscurité, vous savez, on n'a pas le choix des besognes ; mais enfin on peut éplucher de l'étoupe sans y voir le moins du monde. Ceci me fut refusé. Je me mis à chanter, puis à parcourir le cachot de long en large, en comptant mes pas. Trois cents tours me fatiguèrent un peu, et je comptais sur cette fatigue pour m'endormir sur le lit de camp… Ah ! que les journées étaient longues, et comme la tête travaillé quand elle travaille seule ! Miss Baly venait bien trois fois par jour ; le chapelain, le docteur, m'accordaient çà et là quelques minutes… Sans cela, je vous le dis franchement, je serais devenue folle… Croiriez-vous bien que je maudissais intérieurement miss Baly, et que la plupart du temps, la tête dans mes mains, je rêvais aux moyens de lui tendre quelque horrible piège ? Mais les heures n'en passaient guère plus vite, et je pleurais, je criais, je frappais du talon les planches sur lesquelles j'étais couchée, je tâchais d'épuiser mes forces pour m'endormir enfin de lassitude et goûter le repos de la brute… Je vous disais tout à l'heure que j'avais failli devenir folle. Tout bien vu, je crois que par moments je l'étais. A force de chanter, de m'agiter, j'éteignais en moi toute pensée, toute notion de temps, et je me dérobais aux réflexions dont le poids m'écrasait aussitôt que j'étais assise et tranquille…

— Comment avez-vous pu vous exposer une seconde fois à Un supplice pareil ? lui demandai-je avec un étonnement sincère…

— Ah ! voilà, répondit-elle, voilà ce que vous autres gens raisonnables vous ne pouvez venir à bout de comprendre. Vous savez qu'on tient fermée la porte des femmes qui ont été en punition : elles ne peuvent plus venir à la grillé voir ce qui se passe autour d'elles. Ceci m'irritait. D'ailleurs on me méprisait encore plus qu'auparavant. J'avais une méchante voisine qui s'amusait à contrefaire mon accent écossais. Susan Marsh ne s'était pas donné la peine de me faire passer un mot de consolation. Enfin, que voulez-vous ? je détestais de plus en plus miss Baly, sans compter que l'habitude était prise, et qu'en somme on gagne toujours quelque chose à passer pour méchante…

Malgré l'étonnement qu'elle vous causera, sachez que cette dernière observation n'est pas dénuée de toute justesse. Une mauvaise tête, un brise-raison qui s'emporte à tort et à travers, que rien n'intimide ou ne dégoûte, devient après quelques épreuves tout autre chose qu'un souffre-douleur. On l'entoure d'une sorte de considération ;

ses manies, ses croyances obtiennent certains égards. On l'étudie avec une curiosité respectueuse ; on évite de la pousser à bout, on ferme les yeux sur bien des peccadilles que ses gros péchés rejettent dans l'ombre. La surveillante, lasse de sévérité, se relâche et s'adoucit. Elle y regarde à plusieurs fois avant de porter une dénonciation qui doit infailliblement amener un « éclat, » toujours plus ou moins préjudiciable à ses propres intérêts, car enfin les supérieurs s'en prennent volontiers à la matrone des irrégularités commises dans le *ward* qu'elle dirige : — Comment vous arrangez-vous donc, miss Weston ? vous dira fort bien le gouverneur, vous me demandez deux fois plus de punitions que miss *** !

Quant à Jane, elle est infiniment plus traitable depuis que nous la tenons à l'infirmerie. Le chapelain la trouve moins inattentive aux prières, moins en garde contre ses pieuses exhortations. Il l'a remarqué comme moi, c'est à force de confiance, d'encouragements et d'éloges qu'on agit sur cette nature emportée, sur cette susceptibilité sans cesse en éveil ; l'isolement ne vaut rien pour elle, l'ennui la ronge et la pervertit. Pour le chasser, elle n'a qu'une ressource, le souvenir du temps où elle errait dans les rues de *Glasgie* [10]. Ces réminiscences lui plaisent malgré ce qu'elle en dit pour flatter nos *préjugés*. Nonobstant quelques hypocrisies de langage, — aucun prisonnier ne s'en fait faute, — on entrevoit clairement sa pensée, qui est à peu près celle-ci : — On ne revient pas à mon âge sur la pente fatale que j'ai descendue ; on ne fait pas d'une voleuse une honnête femme. Il n'a pas dépendu de moi d'agir autrement que je n'ai fait, et le remords par conséquent n'est pas de saison. D'ici à ce que mon temps finisse, il faut se faire aussi bien venir que possible ; une fois libre, on reverra Glasgie, on recommencera la vie d'autrefois. — Là-dessus, elle songe à ce qui se passe là-bas, loin d'elle et sans elle, à ces compagnons qui l'oublient, à ces amies qui ne la reconnaîtront peut-être plus, et ce sont là pour son exaltation naturelle des excitants funestes. On s'en aperçoit à la sécheresse de ses réponses, à la distraction qui l'envahit, à je ne sais quelle sourde impétuosité qu'elle refrène difficilement, et qui annonce un « éclat » aussi sûrement que la chaleur électrique annonce un orage.

J'ai voulu, mon ami, savoir quelle était cette existence enivrante dont le temps, le châtiment, les réflexions solitaires n'ont pas détruit le prestige. En quels abîmes de perdition n'a-t-il point fallu descendre pour satisfaire cette curiosité ! Je cherche en vain à me rendre compte de l'effet qu'eussent produit sur moi de tels récits il y a deux ans, à l'époque où nous causions ensemble le long des sentiers par lesquels on gravit la verte colline des Neuf-Peupliers ; mais entre cet heureux temps et le jour où je trace ces lignes, qui peut-être iront vous chercher dans des régions si lointaines, il faut placer quelques mois de cruelle expérience, qui m'ont familiarisée avec le rude contact des réalités les plus choquantes. Mon cœur, je l'espère, a gardé sa chasteté ; mes oreilles ont perdu la leur. Pas plus que nos *infirmary-cleaners* n'hésitent devant les immondices qu'il faut enlever, je n'hésite devant les impuretés morales qu'il faut sonder pour les guérir, et je me console en me rappelant une sentence latine que vous traduisîtes un jour à mon intention dans le cours d'une lecture que vous nous faisiez, à mon père et à moi. *Aux purs, tout est pur*, disait-elle. Il me semble néanmoins que je n'oserais jamais de vive voix vous transmettre de telles confidences. Les écrire est beaucoup plus facile.

Vous devez connaître au moins de nom ce quartier de votre ville natale qui porte le nom de *Croiley's Land*. Moi qui n'ai fait que traverser Glasgow, je me rappelle fort bien, à quelques pas de *High-street*, un groupe de hautes maisons, emboîtées pour ainsi dire l'une dans l'autre, horribles de misère et de saleté, tache de lèpre étendue sur le quartier le plus vivant d'une des villes les plus industrieuses et les plus riches qui soient au monde. C'est là, dans une ruelle infecte nommée *New-Vennel*, que Jane a dû venir au monde, sur un tas de copeaux, le seul lit que sa mère ait jamais connu. Cette femme était logeuse. Dans son unique chambre, entendons-nous bien, elle abritait *à la nuit*, et moyennant une rétribution minime, les misérables que n'effrayait pas l'aspect de ce taudis. Pour elle, aucun loyer à payer, la maison étant condamnée par la police municipale à n'être plus occupée qu'à titre gratuit tant que le propriétaire refuserait certaines réparations regardées comme indispensables au point de vue de la sûreté publique. Mistress Cameron ayant soin d'entretenir bon feu toute la nuit, les pratiques, en hiver, ne lui manquaient pas. On entrait, on payait, on se couchait sur le tas de copeaux, ou, s'il était envahi, près du tas de copeaux, puis on s'endormait. Mistress Cameron, sur sa chaise, sommeillait aussi ; du moins ses yeux semblaient-ils fermés ainsi que ses oreilles. Elle ne voyait jamais compter la monnaie d'une bourse récemment volée ; jamais elle n'entendait comploter à voix basse une expédition suspecte. Que voulez-vous ? elle avait le sommeil un peu dur, malheureusement pour la police. Quant à voler elle-même, jamais mistress Cameron ne s'y risquait ; jamais du moins on ne la mena devant les juges comme prévenue d'un délit de cet ordre. En revanche, elle y allait presque toutes les semaines pour s'entendre admonester sur ses habitudes intempérantes. Elle avait un faible pour le *whiskey* ; la perfection est si rare en ce bas monde ! Somme toute, mistress Cameron valait infiniment mieux que l'homme associé à ses destinées, — son *rush*, pour parler la langue de l'endroit. — On ne connaissait à ce dernier aucun gagne-pain. Il disparaissait pendant des mois entiers, puis rentrait au logis, où mistress Cameron le recevait de son mieux, sûre pourtant d'être battue dès les premières vingt-quatre heures ; mais elle y était faite, et son homme lui tenait encore au cœur. L'enfant, sur ce lit de fange, poussait comme une plante, sans que personne y prît garde. Quelques haillons pendaient après elle, mais ses pieds étaient nus, et sa tête semblait très suffisamment garantie par ses longs cheveux bouclés. La nuit, on la laissait s'endormir ; le matin, on lui ouvrait la porte. A cela, pendant les cinq premières années, se bornèrent les soins maternels. Quand elle eut cinq ans, on la trouva paresseuse de ne pas grandir plus vite ; sa mère, je ne sais comment, se heurtait toujours à elle, et finissait par la pousser du côté de la rue. Elle rentrait invariablement trop tôt, surtout lorsqu'en rentrant elle avait faim. Les reproches alors commençaient. « Il faut se rendre utile à ses parents ; il faut demander aux gens bien vêtus. » Et pour rendre la leçon plus complète on la prêtait à ces imposteurs qui promènent dans les rues une famille d'emprunt, stimulant la charité publique par cet indigne stratagème. Encore n'était-elle pas des plus mal partagées. On lui apprenait la mendicité, mais non le vol : scrupule remarquable chez mistress Cameron, qui connaissait tous les sacripants de la ville, et dans l'occasion leur prêtait, moyennant prime, une assistance indirecte, prudemment ménagée ; mais elle les méprisait au fond, et ne voulait pas que sa fille fût dressée à leur ignoble métier.

Là par exemple s'arrêtait son étrange sollicitude, car si la clientèle abondait, si la place manquait sur le plancher, on poussait Jane dehors, sans, s'inquiéter de ce qu'elle deviendrait. L'hiver elle trouvait asile chez quelques voisins charitables. L'été simplifiait la situation ; l'enfant se blottissait sur les marches de l'escalier, au grand mécontentement des survenants, — *policemen* ou voleurs, — qui buttaient dans l'obscurité contre cet obstacle imprévu. Un seul couple honnête et laborieux vivait dans la *New-Vennel*, sous le même toit que mistress Cameron, un fabricant de nattes nommé Macvee et sa femme, Leur porte n'était jamais fermée à Jane, qui s'étonnait de les voir travailler du matin au soir, mais surtout de ce que l'homme, assermenté par le père Matthews, ne buvait jamais que de l'eau. Il était dominé, comme maint Écossais, par certaines idées religieuses plus ou moins hétérodoxes, puisées dans son propre fonds, et qu'il avait fini par faire entrer tant bien que mal dans le faible cerveau de sa pâle compagne. Le soir donc Macvee et sa femme donnaient abri à l'enfant abandonnée, qui s'endormait à la chaleur de leur foyer, en les regardant avec stupeur prolonger leur veillée opiniâtre. Le matin, ils la mettaient à la porte avant leur premier repas, car ils n'avaient pas de quoi la nourrir.

Mistress Cameron trouva bientôt des objections à cet arrangement charitable. « Je crois, me disait Jane à ce sujet, je crois qu'elle m'en voulait d'être née. » Puis Macvee ne s'était pas gêné pour blâmer la négligence qui livrait une enfant de sept ans à tous les hasards d'un séjour comme celui de la *New-Vennel*. Sa femme et mistress Cameron engagèrent à ce sujet une discussion de plus en plus aigre, et le tout finit par une lutte en règle, d'où la mère de Jane sortit victorieuse. La petite fille avait grand'peur que les bons voisins ne voulussent plus d'elle après un pareil scandale. Ils la reçurent comme par le passé, lui donnèrent quelques bons conseils, la préservèrent de quelques tentatives odieuses, et il n'aurait pas tenu à eux qu'elle ne quittât, pour se placer dans quelque honnête famille, le triste milieu où ils l'avaient trouvée ; mais les circonstances tournèrent mal pour ces premiers amis que Dieu avait mis sur le chemin de la pauvre enfant. Un beau jour, leur chétif mobilier fut saisi ; l'homme et la femme disparurent sans prendre congé de personne, et Jane retomba dans les mains de sa tendre mère, qui l'envoyait mendier, se faisait exactement remettre tout le produit de ce *travail*, et soupçonnait toujours sa fille d'en avoir soustrait quelque chose. —

Je suis sûre, lui disait-elle, je suis sûre que vous me volez.

Quant à l'homme que Jane appelait son père,... aurai-je le courage de répéter d'après elle qu'à dix ans, remarquée déjà par les habitants de la maison à cause de sa précocité d'intelligence et de ses vives reparties, elle reçut de lui certains conseils équivoques au sujet de ses gains trop minimes, qu'elle pourrait facilement augmenter, à ce qu'il disait. Rendons cette justice à mistress Cameron que, malgré l'ascendant brutal acquis sur elle par ce misérable, elle lui reprochait amèrement de mettre de pareilles idées dans la tête de leur petite ; mais qu'y gagnait-elle ? Une volée d'invectives et de menaces. L'enfant, admise dans une manufacture de coton, rapportait cependant chaque samedi soir deux ou trois shillings, et régulièrement aussi sa mère les dépensait au cabaret le soir même. Vous comprenez que la maison, dans de telles conditions, devint pour une pauvre créature si rudement traitée, si impitoyablement exploitée, un objet d'horreur. Elle n'y rentrait qu'à la dernière extrémité, repoussée d'avance par les scènes qui l'y attendaient. La *New-Vennel*, entourée d'habitations du même genre, — la *Havane*, la *Tontine-Close*, etc., — était parfois le théâtre d'épisodes mystérieux qui, tout endurcie qu'elle fût par les rudes enseignements de son enfance, glaçaient d'effroi la malheureuse enfant. Au sortir de l'atelier, bras dessus, bras dessous, avec une de ses compagnes qu'elle affectionnait particulièrement et qui devait être le fléau de sa jeunesse, Jane restait dans les rues. *High-street, Salt-market* avaient acquis pour elle un irrésistible attrait. Là tout brillait, tout riait à ses yeux inexpérimentés. La splendeur des magasins, l'éclat du gaz, la gaîté bruyante des *public houses*, les incidents et accidents que chaque minute amenait, l'y retenaient fascinée. D'autres enfants, comme elle livrés à eux-mêmes, formaient à tous les coins de rue des groupes tumultueux et bavards cent fois dispersés par les *policemen*, cent fois rassemblés de nouveau dans quelque carrefour du voisinage. Des enfants, ai-je dit ? mais quels enfants ! Le vice les avait déjà mûris et vieillis. Le blasphème sortait à chaque instant de leurs lèvres encore vermeilles. Leurs pensées étaient celles de l'homme fait et gâté, de la femme achevée et corrompue. Ils rivalisaient de perversité, fiers d'avoir mordu si jeunes au fruit prohibé. Cinquante sur cent pour le moins pouvaient se vanter d'avoir volé. Jane n'était point de ceux-ci, mais le vol ne lui inspirait par lui-même aucune répulsion. Elle n'en voyait pas nettement la culpabilité : c'était une profession comme une autre, plus dangereuse qu'une autre, à laquelle on pourrait avoir recours dans des circonstances données, si tout moyen légitime de gagner sa vie venait à manquer. Et l'amie dont j'ai parlé, — Mary Loggie, — ne lui en fut pas moins chère après lui avoir avoué qu'un léger larcin, commis chez un boulanger, lui avait déjà valu dix jours de prison.

Les parents de cette dernière, surveillés de très près par la police, mais habiles à déjouer ses soupçons, tenaient un *shebeen* [11] dans *High-street-close*. C'étaient des gens pacifiques et posés, discrets comme la tombe, et par cela même très complètement informés, pleins d'égards pour les agents de la loi, mais infiniment moins respectueux pour la loi elle-même, qu'ils éludaient à dire d'experts. Les magistrats sans doute en savaient quelque chose, et mainte descente inopinée prouvait que les Loggie passaient à leurs yeux pour des receleurs émérites ; mais en somme on considérait comme un mal nécessaire cet établissement équivoque où on pouvait de temps en temps, sans bruit, sans réclamations, pratiquer un bon coup de filet. Jane devint peu à peu une des habituées de l'endroit. Les jours de pluie, c'était là qu'elle et bien d'autres allaient chercher abri jusqu'à onze heures du soir. On chantait, on fumait autour du feu. Le *whiskey* sortait de ses cachettes (quand il n'y avait là personne de suspect), et les contes passaient de bouche en bouche, au grand ravissement des maîtres du logis, pourvus d'une bienveillance inépuisable. L'amie de leur fille était particulièrement choyée. On lui trouvait de l'esprit et des dispositions. Jamais elle n'avait été à pareille fête, jamais elle n'avait respiré un encens pareil. Aussi préférait-elle les Loggie à sa mère, qui du reste ne la questionnait guère sur l'emploi de ses soirées, pourvu que celui des heures de jour lui fût garanti par l'exact paiement du salaire gagné à la fabrique.

Jane cependant se dégoûtait du travail. La fatigue, l'ennui, l'éloignaient de l'usine, où elle se dispensait quelquefois de paraître. Il fallait alors combler le déficit de la paie hebdomadaire, et la mendicité lui venait en aide. Certain jour qu'une belle dame, charmée de sa gentillesse, lui avait donné une pièce blanche, Jane mit de côté ce bénéfice inattendu, et réalisa un vœu qu'elle et son amie formaient depuis longtemps, celui d'aller à l'école de danse. Sous ce nom, vous savez ce qu'il faut entendre, et je ne crois pas avoir à vous raconter la rapide fortune de ces bals publics, inaugurés, je crois, à Liverpool, mais qui n'ont réussi nulle part comme à Edimbourg et Glasgow. Le mal qu'ils y ont fait doit être incalculable ; du moins n'est-il guère d'Écossaise parmi nos *convicts* qui ne leur attribue sa perdition. — Une fois qu'on m'y eut conduite, nous disent-elles, je ne pensai plus qu'à y retourner. Impossible de m'en arracher tant que je fus jeune fille. — Jane Cameron et Mary Loggie n'en apprirent pas impunément le chemin. Parmi les soi-disant apprentis et les jeunes ouvrières qu'elles y rencontraient, quelques-uns étaient déjà de leurs connaissances. Le patron de l'établissement, toujours souriant à sa clientèle féminine, — plus spécialement aux sirènes expérimentées qui lui amenaient quelque étranger, — les vit avec plaisir figurer parmi ses élèves. Il leur accordait « de l'avenir. » L'avenir ne devait pas se faire attendre longtemps. Jane à douze ans s'était déjà donné un *sweet-heart*, choisi parmi ses danseurs habituels. Cet apprenti, déjà déserteur de vingt ateliers et qui n'avait pas encore atteint sa quinzième année, appartenait à une association de voleurs ; mais ceci n'effaroucha guère une enfant de la *New-Vennel*. La police en fut plus scandalisée. Un honnête agent, qui se rendait compte de certaines nuances, prit la peine d'avertir la petite du tort qu'elle allait se faire et des soupçons auxquels désormais elle serait en butte. On se garda bien de l'écouter. Les conseils venaient trop tard, et, loin de se repentir, Jane était toute fière de la préférence que lui accordait John Ewan, — *Cannie Jock* [12], comme l'appelaient ses collaborateurs habituels. — Cette préférence n'impliquait point une confiance absolue, à laquelle Jane n'avait pas acquis de droits positifs, puisque ses mains en somme étaient encore pures de tout vol. Ewan ne la tenait guère au courant de ses manœuvres suspectes, et la plupart du temps elle ignorait le domicile de cet amoureux essentiellement nomade ; mais ce mystère favorable, en irritant sa curiosité, en stimulant sa jalousie, le lui rendait encore plus cher. Elle ne le voyait guère que dans les rues ou à l'école de danse. Là, ses jactances habituelles, la haute opinion qu'il avait de lui-même, le laisser-aller de ses dépenses quand les *affaires* avaient pris un heureux tour, lui donnaient bon nombre d'admirateurs, et, par malheur pour Jane, bon nombre d'admiratrices, au premier rang desquelles étaient deux sœurs du nom de Frazer, plus âgées que la petite Cameron, et dont elle redoutait la rivalité peu déguisée. Cette situation respective n'était un mystère pour aucun des habitués de la *skeel* [13], et l'humeur passionnée de Jane se prêtait admirablement à ce qu'on en tirât parti contre elle, pour l'exaspérer par maintes railleries, la soumettre à maintes mystifications. Elle était désormais sur l'extrême bord du précipice. La plus légère impulsion devait l'y faire tomber.

« L'hiver allait venir, — je vous répète ses propres paroles, — et Cannie Jock avait eu du malheur. Depuis quelque temps, on ne le voyait presque plus ; il était maigri et presque déguenillé ; il me boudait, me tyrannisait, me faisait souffrir de son indifférence, et je ne l'en aimais que mieux. J'étais d'ailleurs aussi à plaindre que lui. Au mois d'octobre, je ne gagnais presque plus rien, et Mary Loggie était logée à la même enseigne. Un soir que nous errions, les poches absolument vides, tout le long de Salt-market, une de nos camarades nous arrêta : — Venez-vous à l'*école* ce soir ? — Non. — Pourquoi cela ? — Pas d'argent. — C'est dommage… Eh ! mais, dites donc, demandez-en à Jock Ewan ; il en a, lui ; il mène ce soir les Frazer… Savez-vous, Cameron ? il dit qu'il est las de vous, que vous êtes beaucoup trop jeune. — J'aurais dû me méfier, elles m'en voulaient toutes ; mais j'écoutai celle-ci, et je me sentis au cœur une espèce de froid. Je courais, sans savoir où, comme une lionne échappée. Mary s'essoufflait à me suivre. — Bah ! lui dis-je, m'arrêtant tout à coup, il faut que j'aille là, que je lui parle, qu'il n'ignore plus ce que je pense de lui… Je ne sais pas comment j'irai, mais j'irai. Attendez-moi ici !… Et je courus chez ma mère, à qui je comptais emprunter quelques *pence*. Elle était sortie, et le temps me manquait pour aller la chercher dans tous les *shebeens* du voisinage. Revenue auprès de Mary : — Si nous demandions l'aumône, lui dis-je. — A cette heure, y pensez-vous ? .. Il est bien trop tard… Elle avait raison ; mais alors comment faire ? — Les boutiques sont encore ouvertes, insinua Mary en me lorgnant du coin de l'œil. Je compris parfaitement, et il me sembla qu'en effet la moindre bagatelle enlevée serait une bonne fortune. Les marchands me paraissaient si riches, si riches !… Que leur ferait une parcelle de moins dans tous ces trésors ? Machinalement, et sans avoir répondu, je marchais le long des étalages, regardant à l'intérieur des magasins pour me rendre compte de ce qui s'y passait. Mary m'accompagnait et son bras serrait le mien. A un angle de rue, chez un petit mercier, nous vîmes deux acheteurs. Derrière son comptoir, le marchand avait fort à faire de leur répondre et de les servir : s'il y avait eu quelque objet pendu à l'extérieur, rien de plus simple que de l'emporter sans qu'il y prît garde ; mais tout était rentré. — Allons là dedans, me dit Mary... Demandez quelque marchandise dont il soit dépourvu... Voyez tout ce qu'il y a sur le comptoir... Avec le coude, comme cela, doucement, faites glisser à terre un ou deux de ces objets... Je me glisserai derrière vous, et je les aurai bientôt ramassés... — Pourquoi n'iriez-vous pas ? répliquai-je, pensant au *bailie* et à ces journées de prison qu'il distribue sans se gêner. — Oh ! répondit-elle, ils me connaissent,... ils se méfieraient... La réflexion était juste, et, toujours poussée par le besoin de revoir Ewan, de le confondre, de lui reprocher sa trahison, j'entrai sans hésiter davantage. Le marchand me jeta un regard oblique, mais ne m'adressa point la parole, occupé qu'il était de ses premières pratiques. — Ah ! pensai-je, ne songeant plus guère aux instructions de Mary, s'il pouvait me tourner le dos et pour un instant oublier ces belles choses éparpillées sur le comptoir !... Ces belles choses étaient des gants, des rubans à bon marché. Il y avait là surtout une pièce entière de ruban bleu broché d'argent. Je la vois encore, tout près du bord, tout à portée de ma main. Quelle bonne fortune, si seulement il se retournait vers ses cartons !... Et de fait il se retourna, Le ruban bleu fut lestement enlevé, je vous en réponds ; mais, une fois que je le tins, la peur me prit, et je me sentis trembler de la tête aux pieds. La main derrière mon dos, le regard stupéfié, la contenance perdue, il n'eût fallu que me regarder pour savoir ce qui en était. Le marchand ne me regarda point, et le ruban accusateur passa de ma main dans les doigts exercés de ma compagne, entrée à petit bruit derrière moi, et qui s'évada sans plus de tapage. Maintenant il fallait trouver un prétexte pour disparaître, car enfin le marchand allait certainement constater la perte de ce ruban, et certainement aussi m'accuser de l'avoir dérobé. A cette pensée, mes genoux se heurtaient l'un contre l'autre ; bref, le supplice devint intolérable, et sans attendre que le marchand eût cessé de répondre à ses deux clients : — Avez-vous,

lui demandai-je, des gants qui ne coûtent que trois *demi-pence* ?
A cette question, dépourvue de sens commun, il ne répondit que
par un *non* des plus brusques, et j'eus ainsi un prétexte pour me
retirer. Mes pieds se mouvaient avec peine : il semblait que j'eusse
un bloc de plomb à chaque talon. Une fois dans la rue, ce fut tout
autre chose, et je gagnai à toute course le *close*[14] le plus proche.
De là, quand j'eus repris haleine, j'allai attendre Mary à la porte
de l'école de danse, où, selon moi, elle devait s'être déjà rendue ;
mais je ne l'y trouvai point. Elle ne parut qu'une demi-heure après,
lorsque je commençais à désespérer de la revoir. — Et le ruban,
m'écriai-je, qu'en avez-vous fait ? — Soyez tranquille, répondit-elle,
nous l'avons mis en lieu sûr, et pour cette fois le risque est passé.
Je l'ai porté au *wee pawn* [15], qui nous fait là-dessus une avance de
six *pence*... La combinaison me parut admirable, elle nous ouvrait
la salle de bal... »

Cannie Jock s'y trouvait en effet, mais non les Frazer. Il eut donc
beau jeu pour répondre aux reproches dont Jane l'accablait à leur
sujet. D'ailleurs il était en fonds et d'une humeur charmante.
L'histoire du ruban sembla le ravir. Il ne tarissait pas en éloges sur
le compte de sa petite amie, à qui jamais il n'aurait supposé tant de
caractère. Elle était électrisée par ces louanges et ces caresses fatales.
Chez les Loggie, où ils se rendirent au sortir de la *skeel*, mêmes
propos, mêmes félicitations. On porta la santé de la débutante ;
le *whiskey*, les compliments finirent par l'étourdir complètement ;
elle se laissa tomber au coin de la chambre et y demeura plongée
dans un lourd sommeil. Le premier pas était franchi sans qu'elle
s'en doutât, ou du moins sans qu'elle en comprît la portée, franchi
pourtant, et sans retour.

Le matin, quand elle reparut chez sa mère, hors d'état d'expliquer
très nettement l'emploi de sa nuit, mistress Cameron, qui n'était pas
de bonne humeur ce jour-là et qui se plaignait de voir diminuer
sans cesse le produit du travail de Jane, après l'avoir vertement
chapitrée, crut pouvoir la battre pour quelque réplique un peu
vive. Cette fois l'enfant, — l'enfant devenue femme, — se défendit et
lutta. Tout respect, toute obéissance étaient loin. Mistress Cameron
menaça d'aller dire aux Loggie tout ce qu'elle pensait de leur
famille. Jane y courut pour les prévenir de la visite. Peine perdue,
car sa mère fit halte chez les cabaretiers, et si fréquemment qu'elle

fut ramassée ce jour-là sur la place. Une fois libérée vingt-quatre heures après, non-seulement elle ne fit aucun retour fâcheux sur la rébellion de Jane, mais celle-ci crut remarquer qu'on la traitait avec moins d'indifférence et de mauvais vouloir. Cette bonace dura jusqu'au retour du « père, » qui d'ailleurs s'absentait de plus en plus fréquemment. Et quand le père fut revenu, — ou du moins très peu de jours après, — une dispersion inattendue vint soustraire Jane à la dégradante influence de ce misérable. Un jour qu'elle se rendait à l'atelier, elle se vit aborder par un *policeman* très avenant, mais très curieux, qui mêlait beaucoup de questions à beaucoup de sourires. D'abord elle eut peur, car l'aventure du ruban bleu n'était pas encore très ancienne ; mais il n'était pas question de cela. On désirait savoir ce qu'elle avait vu se passer chez sa mère pendant une certaine nuit du mois précédent. Les souvenirs de Jane étaient à cet égard beaucoup plus précis qu'on n'aurait pu le supposer d'après ses réponses. Les moindres incidents du vol dont on recherchait les auteurs lui étaient parfaitement connus, ainsi qu'à sa mère, chez laquelle il avait été commis, et qui s'était malheureusement départie cette fois de sa prudence habituelle.

Tandis que le *policeman*, sans avoir l'air d'y toucher, interrogeait ainsi la fille de mistress Cameron et ne tirait d'elle que les plus vagues mensonges, le bruit des recherches dont elle était l'objet arriva aux oreilles de la principale intéressée. Elle apprit que le promoteur du vol en question venait d'être mis sous clé, et précisément elle ne croyait pas pouvoir compter beaucoup sur la fermeté de ses dénégations. Aussi lorsque Jane rentra dans le domicile maternel en revenant de la danse, elle trouva les siens dénichés, et comme les logements gratuits ne chôment guère, une voisine était déjà installée à la place de mistress Cameron, dont elle avait acheté, sans une trop grosse mise de fonds, le mobilier peu nombreux. Cette nouvelle venue était fort peu encline à s'apitoyer sur le sort de l'enfant délaissée. Leur dialogue ne fut pas long. — Où est ma mère ? — En voyage. — Quand reviendra-t-elle ? — Jamais, si elle a le sens commun… Elle a dit que Glasgow ne la reverrait plus. — Où pourrais-je la retrouver ? — Elle ne m'a pas chargée de vous le dire ; d'ailleurs elle doit avoir bien assez de vous… — Mais alors où donc me faut-il aller ? — A la maison de travail,… au refuge,… partout où vous voudrez, mais pas ici. — Fi donc ! je ne veux pas de ces endroits-là. — Trouvez-en d'autres. — Et la porte se referma impitoyablement. Jane, s'affaissant sur les marches de l'escalier, ces mêmes marches qui tant de fois lui avaient servi de couchette, ramena son tablier sur sa tête et se mit à pleurer amèrement. Cette fille bronzée, endurcie par tant d'épreuves, et si hardie qu'elle fût d'ordinaire, ne pouvait s'habituer à l'idée que ses parents, les parents que vous savez, l'eussent ainsi abandonnée comme un animal domestique, un chien, un chat élevé par eux et laissé à la merci du premier maître venu. — Oui, miss Weston, me disait-elle, je me sentis toute troublée, je ne voyais pas comment je sortirais de là ; l'idée me vint que j'allais mourir de faim,… bref je pleurai. Cela ne m'était pas arrivé depuis l'âge de six ans…

Pousserai-je plus avant cette déplorable chronique ? Pour aujourd'hui je ne m'en sens pas le courage. Et cependant, puisqu'elle est commencée, je me réserve de la compléter pour vous, pour vous qui ne la lirez peut-être jamais.

IV

Millbank, juillet 1858.

A défaut de vos lettres, que je n'ose solliciter par l'envoi des miennes, j'en suis réduite à deviner ce qui, dans ces dernières, pourrait le mieux répondre à vos préoccupations habituelles, et je ne crois pas me tromper en vous parlant de nos malades. Elles sont bien traitées à Millbank. Sous ce rapport, nous sommes cependant moins favorisées que Brixton, où les médecins expédient les constitutions les plus délicates et les plus menacées ; mais je vous assure que rien n'est épargné pour celles des *convicts* qui ont réellement besoin des secours de la médecine. Leur nombre est restreint comparativement à celui des indispositions factices ou simulées qui frappent chaque jour à la porte de l'infirmerie et parviennent souvent à s'y faire admettre. Les prisonnières y trouvent le triple avantage d'un meilleur régime, d'une exemption de travail à peu près complète, mais surtout celui de n'être plus isolées, de pouvoir librement, à certaines heures, s'entretenir avec leurs pareilles de tout ce qui les intéresse, mettre en commun leurs souvenirs et leurs espérances. Je ne dirai pas que tout cela soit fort sain, moralement parlant, et la matrone qui erre incessamment de dortoir en dortoir, — poste peu recherché, — n'entend pas toujours les propos les plus édifiants du monde. En revanche, elle trouve quelques motifs de consolation dans le zèle sympathique des prisonnières qui sont attachées au service spécial de leurs camarades infirmes. Ces *cleaners*, comme on les appelle, sont en général très assidues, très serviables, très dévouées, et généralement aussi leurs services sont assez mal reconnus. L'ingratitude n'est pas rare chez les *convicts*, dont l'exigence est poussée fort loin. A part des dortoirs communs sont quelques cellules, vastes et bien aérées, pour les cas particuliers ou la contagion est à craindre, ou bien encore à l'usage des malades qui trouvent moyen, même là, de persister dans leurs révoltes obstinées ; on en voit qui, jusqu'aux approches de la mort, demeurent intraitables, et tâchent de tout briser, de tout déchirer autour d'elles, la couverture qui les protège, le vase où on leur apporte une potion calmante. J'avais entendu parler de maladies particulières aux établissements pénitentiaires. Je n'en connais qu'une, les *prison-mwnps* [16], et je ne la connais que de nom. Les cas de consomption sont assez fréquents, mais bien moins chez nos femmes que chez les prisonniers de l'autre sexe. Nous n'avons eu cette année que six poitrinaires sur deux cent soixante-quinze malades. Ce dernier chiffre paraît considérable quand on le rapproche du nombre de nos *convicts*, — quatre cent soixante-douze ; — mais je vous répète que les indispositions, simulées parfois avec une ténacité, une habileté surprenantes, et au prix de véritables tortures volontaires, doivent grossir d'une façon notable le contingent de nos invalides. En fait de décès, on n'en a constaté que cinq dans le courant de la dernière année, et la prison n'est peut-être pas responsable de tous, car il nous arrive quelquefois des condamnées atteintes de maladies incurables. Un de nos médecins, qui tient avec soin des notes statistiques, a cru remarquer que la mortalité chez les prisonniers se manifestait plus fréquente à la quatrième année de la captivité. Si ce fait pouvait être admis, comme parfaitement prouvé, n'est-ce point là un fait qui mérite d'attirer l'attention du législateur ?

Faut-il maintenant reprendre l'histoire de Jane ? Elle n'est plus à l'infirmerie, où j'avais expressément demandé à être employée pendant son séjour. J'y suis restée après son départ, et voici plusieurs semaines que nous ne nous sommes vues. On m'assure que, pour le moment, sa conduite est un peu meilleure ; mais elle écrit encore et souvent à Susan Marsh, dont j'ai obtenu la translation dans un autre *ward* que le sien. Nous l'avons laissée, si ma mémoire me sert bien, sur l'escalier de la *New-Vennel*, pleurant à chaudes larmes la disparition inattendue de cette mère qui l'abandonnais Où aller ? Chez son *pal* sans doute, si elle eût su où logeait Ewan ; mais il la tenait toujours à cet égard dans une ignorance absolue. Elle se résolut donc à chercher asile chez les Loggie. Le chef de la famille vint lui ouvrir, non sans quelques objections ; mais, quand elle l'eut mis au courant, il se montra tout d'un coup plus traitable. — Couchez-vous, lui dit-il, nous causerons demain. — Le lendemain effectivement il lui fît part, en fumant sa pipe, des conseils que lui suggérait sa vieille expérience. — Si nous vous convenons, lui dit-il, vous nous convenez. On dit que vous n'êtes pas née manchote. J'ai des enfants qui travaillent passablement. Soyez des nôtres. Vous logerez ici, vous y prendrez vos repas, vous y aurez crédit ouvert. Je suis bien assuré que nous arriverons toujours à régler nos comptes. — Tant de bonté, tant de confiance gagnèrent le cœur de la pauvre enfant. Peu s'en fallut qu'elle ne se jetât dans les bras du receleur, qui lui proposait, en bons termes il est vrai, de voler pour le compte de la maison où on voulait bien l'admettre.

— Et l'atelier ? hasarda-t-elle timidement.

— Il faut y rester, ma petite, il faut y travailler mieux que jamais. Tant que vous y serez exacte, la police, qui déjà vous a notée, ne s'inquiétera pas de vos moyens d'existence. C'est là un point fort essentiel, je vous assure.

Jane obéit à ce nouveau guide. — Au retour du travail, elle trouva son dîner prêt, et son hôte ne lui ménagea ni les exhortations, ni les enseignements. En trois jours, il l'avait mise au fait de toutes les rubriques professionnelles. Cannie Jock, survenu dans l'intervalle, approuvait le parti qu'elle avait pris ; mais, tout heureux de voir sa maîtresse à si bonne école, il aurait voulu s'assurer pour plus tard le monopole des talents qu'elle allait sans doute acquérir. Aussi lui disait-il des Loggie, père, fils et filles, tout le mal imaginable. Elle l'écoutait patiemment, mais sans pouvoir accepter les impressions qu'il voulait produire en elle. Son amitié pour Mary, sa reconnaissance pour l'accueil hospitalier qu'on lui avait offert à l'heure décisive, — deux bons sentiments mal placés, — résistaient à toutes les persuasions du jeune corrupteur, qui malheureusement la trouvait plus docile quand, au lieu de lui prêcher l'ingratitude, il la poussait au vol.

Mary Loggie, Jane et Cannie Jock *travaillaient* de concert. On aurait pu les voir, à quelques pas l'un de l'autre, dans tous les groupes que le hasard formait sur la voie publique. Jane, que sa physionomie candide recommandait à la confiance de tous et que des leçons assidues avaient dressée aux tours de main les plus subtils, restait généralement chargée de l'opération proprement dite. L'objet enlevé passait immédiatement de ses mains dans celles de Mary, qu'Ewan venait en débarrasser aussitôt ; puis les jeunes complices se dispersaient dans différentes directions, et, venant ensuite à se rencontrer, évitaient de s'adresser la parole. Le partage du butin se faisait chez Loggie, qui se chargeait de changer les bank-notes moyennant un escompte exorbitant, cela va sans dire. De la part afférente à Jane se déduisait ce qu'elle pouvait devoir, pour son logement et sa nourriture, à l'abominable vieux publicain. Les jours de grands succès étaient invariablement des jours d'orgie, et le *whiskey* en pareil cas n'était pas versé d'une main avare.

Passons sur ces misères et ces hontes ; je n'en ai que trop à raconter encore. Six mois écoulés avaient ramené la belle saison. Les touristes anglais abondaient à Glasgow. — C'est, me disait Jane, la saison des aventures ; on n'a pas besoin de courir après, elles viennent toutes seules, pour nous autres *lassies* [17] principalement. Si peu qu'on soit gentille, qu'on n'affiche pas des airs par trop effrontés, on est presque sûre de rencontrer quelque jeune coureur à qui donnent dans l'œil le simple attirail de la jeune ouvrière et ses pieds nus battant le pavé. Ils ont de l'argent, ces voyageurs, et au sortir de table le moindre sourire les attire et les enhardit. On fait semblant d'avoir peur, de ne savoir que répondre. Mary survenait alors, plus âgée et naturellement un peu moins timide ; c'était elle qui proposait de lier connaissance en prenant ensemble quelques rafraîchissements. Et si l'étranger acceptait, la prise était à peu près certaine…

Dois-je l'en croire ? — j'avoue que j'y suis portée, — au milieu de cette effroyable dépravation, Jane avait gardé une invincible horreur pour le vil métier auquel son père, — était-ce bien son père ? — avait voulu la vouer dès l'enfance. Elle ajoute qu'elle n'était pas seule à penser ainsi, et que la plupart de ses compagnes, à défaut d'autre scrupule, avaient conservé celui de la fidélité due à l'homme de leur choix. — Jamais, me disait-elle, jamais je n'ai trompé Cannie Jock. Il était toujours là, toujours à portée de m'entendre et de me porter secours. Plutôt que de m'assimiler à ces créatures flétries et fardées qui me coudoyaient autour des hôtels de George-square et de Buchanan-street, je serais allée me jeter la tête la première au fond de la Clyde. — N'admirez-vous pas comme moi, mon ami, cette élasticité de la conscience qui, de façon ou d'autre et de par une logique spécialement sophistique, sur les ruines du devoir méconnu installe, pour ainsi dire, un autre devoir strictement respecté ? Je suis convaincue pour ma part que ces malheureuses, dont Jane elle-même repousse l'ignominieuse solidarité, trouvent à se consoler de leur avilissement par la pensée qu'elles ne sont jamais descendues jusqu'au vol. Dans un tel conflit d'opinions incompatibles, il est difficile de se prononcer. Sachons seulement en dégager l'hommage indirect que rendent à la probité comme à la chasteté féminine ces pauvres êtres réduits par leur paresse, leur ignorance et leur misère, à transgresser régulièrement l'une ou l'autre de ces vertus.

Tôt ou tard le jour de l'expiation devait arriver. Un soir où elles s'étaient trop hâtées de mettre à profit l'ivresse incomplète de leur victime, attirée par elles dans une arrière-taverne, l'étranger que les deux jeunes filles avaient dévalisé s'aperçut, après le départ de Jane, que sa bourse venait de lui être enlevée. Mary fit tête à l'orage, mais sans qu'une fouille, vainement pratiquée sur elle par les soins de la police, convainquît les agents de son innocence. Ils la connaissaient trop bien pour s'y laisser prendre. La complice disparue n'était pas non plus difficile à dépister. Elle s'était réfugiée chez Loggie, qui, toujours prudent, lui avait conseillé de quitter la ville jusqu'au moment où le scandale serait assoupi. Peut-être eût-elle suivi ce sage conseil, si, comme autrefois, elle n'eût point connu la retraite habituelle de Cannie Jock ; mais à la fin il l'avait crue digne de sa plus entière confiance, et Jane alla l'attendre dans le taudis qu'il partageait avec quatre ou cinq autres drôles de son espèce. C'était le pendant de *New- Vennel*. Jane y arriva sur les huit heures du soir. A minuit, seul de tous les habitués, Ewan n'était pas rentré au bercail. Peut-être avait-il vent du désastre. Les autres résidants, revenus l'un après l'autre, épiaient Jane d'un air curieux et gêné. A la longue et malgré l'inquiétude qui la travaillait, ses yeux se fermèrent. Tout à coup elle fut réveillée en sursaut par le bruit de la porte, rudement heurtée. La maîtresse de l'établissement, vieille sorcière à cheveux gris, sortit d'une espèce de niche pratiquée à l'angle du toit mansardé. — Qui est là ? demanda-t-elle, feignant de ne pas deviner ce dont il s'agissait.

— Ouvrez, ouvrez, répondit une voix impérieuse... Vous savez de reste que c'est la police...

A ce mot redouté, les trois ou quatre vauriens étendus çà et là se redressèrent et de l'œil semblèrent s'interroger ; puis leurs regards allèrent chercher Jane, qui tremblait de tous ses membres. — Cachez-moi, cachez-moi, leur disait-elle.

— Taisez-vous, petite sotte, répliqua la mégère... Peut-être n'est-ce rien qui vous regarde... Et d'ailleurs ils ne vous mangeront pas.

On ouvrait cependant, et les agents se montrèrent sur le seuil. — Dormez, la vieille, ce n'est pas vous qu'on demande, dit tout d'abord le chef de l'escouade ; puis ses yeux exercés discernèrent l'enfant, qui cherchait à se dissimuler, derrière le relief de la cheminée. — Jeannie, continua-t-il sans changer de ton, vous allez nous accompagner au bureau.

— Très bien, répondit Jane affermissant sa voix, et après deux eu trois pas vers la porte : — Que me veut-on ? reprit-elle.

— Pas grand' chose, j'imagine... D'ailleurs on vous le dira... C'est peut-être un malentendu.

— Probablement, ajouta l'enfant avec une assurance de commande.
Mais le témoignage formel de l'homme volé devait prévaloir contre toutes les dénégations mensongères de Jane, qui, une demi-heure après, alla retrouver Mary Loggie sur le lit de camp du dépôt. Ces deux jeunes filles y étaient pêle-mêle avec une douzaine de prévenues, triées parmi ce que Glasgow a de pis, et c'est beaucoup dire. La terreur dont Jane avait été prise pendant l'interrogatoire préliminaire du magistrat de police se dissipa au bruit des rires, des chansons, des libres propos qui se croisaient autour d'elle dans l'air infect de cette obscure latomie. On se moquait de son inexpérience et de ses anxiétés. — Que craignez-vous donc ? lui dit

une de ces créature ?… C'est votre première affaire ;… vous en avez au plus pour quelques jours de prison. Plus d'une ici voudrait être à votre place ! .. Et la prison elle-même, quelle idée vous en faites-vous, que vous ayez si grand' peur ?… La maison est propre, on n'y connaît pas la faim, et il ne faut pas longtemps pour apprendre à fabriquer de l'étoupe.

Sur ce thème, chacun brodait à qui mieux mieux, et le plus lestement du monde. Seulement, comme on amenait à chaque instant de nouvelles captures, l'air allait s'épaississant toujours, et Jane se vit en passe d'être asphyxiée. On s'endormait autour d'elle, et le sommeil la gagna. La distribution de pain et d'eau fraîche eut lieu, comme à l'ordinaire, dès la première aube. Tout en déjeunant, la prisonnière novice sentit revenir ses anxiétés de la veille. Le stoïcisme de sa compagne lui faisait envie. — Comme vous prenez ceci froidement ! lui dit-elle étonnée. — Vous verrez, vous verrez tout à l'heure, répondit Mary avec un sourire énigmatique. Par le fait, devant le magistrat de police, et tandis que Jane promenait de toutes parts ses yeux effarouchés, Mary Loggie se répandit en protestations larmoyantes, jurant qu'elle était innocente, rejetant tout sur le misérable qui avait abusé de sa jeunesse pour la mener dans une taverne, niant qu'elle eût jamais eu le moindre rapport avec Cameron, et que sais-je encore ?… C'était là de l'éloquence perdue, et l'ensemble des témoignages ne pouvait laisser aucun doute dans l'esprit du *bailie*, Mary avait déjà comparu devant lui, Jane au contraire lui était encore inconnue. Son embarras sincère, sa tournure et sa mine enfantine, surtout son assiduité au travail de la fabrique, lui furent comptés comme autant de circonstances atténuantes. On ne voulut voir en elle que la complice d'une jeune fille plus âgée, plus expérimentée, déjà flétrie par des antécédents désastreux, et tandis que Mary était condamnée à soixante jours de détention, Jane fut envoyée pour vingt jours seulement à la prison de Glasgow. Elle n'avait pas quatorze ans !

Peut-être eût-il suffi de quelques circonstances favorables pour donner à ce premier châtiment une efficacité durable. Jane arrivait émue de terreur, avec un commencement de remords qui aurait pu la rendre accessible aux pieuses exhortations du chapelain et de la jeune femme qui venait chaque jour lui expliquer la loi de Dieu [18]. Celle-ci surtout, qui lui inspirait une certaine affection, aurait eu prise sur ses convictions sans l'influence pernicieuse de la compagne que le hasard avait assignée à Jane, et avec qui elle partageait, vu l'encombrement de la prison, sa petite cellule. C'était une voleuse émérite, rompue à tous les stratagèmes du métier, de plus hypocrite consommée, qui masquait sa perversité haineuse sous les dehors les plus décents et les plus graves. Pendant la première visite du *gouverneur*, dont les paternelles exhortations avaient ému la jeune prisonnière, Elisabeth Harber semblait édifiée et contrite ; mais à peine avait-il tourné le dos : — N'écoutez pas cet homme, dit-elle à Jane,… il ne pense pas un mot de ce qu'il vous prêche… Et, pour la mieux persuader de cette vérité, l'honorable vieille se hâta d'ajouter mille détails calomnieusement apocryphes. De même à l'égard du chapelain, qu'étonnait la profonde ignorance de sa nouvelle ouaille, et à la commisération duquel Harber feignait de s'associer. — Hélas ! disait-elle avec componction, cette pauvre petite n'est guère plus instruite qu'un animal… J'ai fait mon possible pour lui expliquer certains passages de la Bible, sans en rien obtenir que ce même regard effaré dont elle accueille vos précieux enseignements. — Une révérence profonde accompagnait ces mots, prononcés au moment où le digne ministre allait sortir ; mais, dès qu'il fut dehors, la vieille sorcière s'en dédommagea par une horrible grimace et un bond menaçant vers la porte qui venait de se refermer. Il n'en fallait pas tant pour que Jane, distraite de toute idée sérieuse et riant aux éclats de cette pantomime grotesque, fût rendue à l'obsession d'un bavardage continuel qui, tout en la fatiguant, la domptait. Dix jours de prison suffirent d'ailleurs pour lui rendre insupportables, succédant, à la liberté du vagabondage, la règle austère, le travail régulier, la routine monotone auxquels il fallait se soumettre ; mais plus excédants encore lui semblaient les propos à peu près ininterrompus de sa compagne, qui ne dormait guère, et durant une partie de la nuit la forçait d'écouter ses interminables commérages, mêlés çà et là de funestes conseils. Pas un personnage suspect, à Glasgow, dont Harber ne pût donner la biographie complète. Elle connaissait Cannie Jock et le frère de Cannie Jock, transporté depuis plusieurs années. Il ne fallait pas, selon elle, se risquer avec un écervelé de ce genre. Elle parlait de la mère de Jane comme d'une pauvre folle adonnée au whiskey, et de son père comme d'un gaillard retors qui ne faisait jamais de vieux os dans le même endroit. A Jane elle-même elle promettait monts et merveilles, si, une fois libérées, elles mettaient en commun l'une sa jeunesse, l'autre son expérience. Ces propositions n'avaient rien de très séduisant pour la pauvre enfant affamée de sommeil qui l'écoutait bouche béante et les yeux mi-clos ; en revanche elle goûtait assez, dans les propos de Harber, ceux qui la réconciliaient avec elle-même en lui montrant sa position actuelle comme le résultat d'une fatalité inexorable. Née, élevée comme elle l'avait été, soumise aux mêmes tentations, quelle jeune fille à sa place n'aurait pas succombé ? Quant aux menaces du chapelain, quant à ces châtiments éternels dont il exploitait la terreur, il ne fallait pas s'en préoccuper. Rien de tout cela n'était vrai, ni la Bible ni le reste. — Et d'ailleurs ne faut-il pas vivre ? ajoutait Harber ; si ceux qui nous voient mourir de faim ne nous viennent pas en aide, doivent-ils s'étonner qu'on cherche à se tirer d'affaire ? Qu'on me donne des rentes, je serai vertueuse, et j'irai au prêche tous les dimanches ; mais, si je suis réduite à mourir de faim ou à voler, certes j'opterai pour le vol…

Ainsi se passèrent ces vingt jours, durant lesquels toute influence réformatrice avait été paralysée, et qui, laissant au cœur de Jane un vague effroi, n'y avaient déposé aucun germe de bonnes résolutions. Des promesses, elle en avait fait, et beaucoup ; mais elle ne songeait guère à les accomplir, lorsqu'une fois hors de prison elle s'achemina tout droit chez les Loggie. Un bon accueil l'y attendait avec cent questions sur la vie qu'elle avait menée dans la geôle de Glasgow. On lui demanda aussi des nouvelles de Mary ; mais les deux prisonnières ne s'étaient pas vues une seule fois. Jane, à son tour, désira savoir ce qu'était devenu Jock Ewan ; personne n'en savait rien, et nul ne s'inquiétait du personnage. « Il n'est pas des nôtres, disait le vieux Loggie. Il croit en savoir plus long que nous. Vous feriez mieux de saisir cette occasion pour régler son compte en n'y songeant plus. » Jane toutefois n'était point de cet avis, et se donna bien du mal pour retrouver, en s'informant de lui aux amis communs qu'elle rencontrait par les rues, l'infidèle à qui elle avait la faiblesse de tenir encore. Ils s'étonnaient de la revoir *si tôt* ; mais elle n'en obtenait que d'assez vagues renseignements, faits pour alarmer sa jalousie. — On croyait Ewan avec les Frazer, qu'il ne quittait guère depuis quelque temps,… peut-être pour se consoler de l'absence de Jane. — Celle-ci ne pouvait s'empêcher de penser que, s'il avait eu besoin de consolations, il eût guetté de plus près le moment de sa sortie… Bref, elle revint chez ses amis fort abattue, fort découragée. Loggie, après un décompte savamment établi, lui remit la petite somme à laquelle elle avait droit pour sa part dans l'expédition si malheureuse du mois précédent ; à cette occasion, elle voulut traiter ses amis, qui, de leur côté, n'oublièrent rien pour la guérir de sa mélancolie. Ils n'y réussirent qu'à demi ; en revanche, ils eurent bien vite effacé de sa mémoire les leçons, les avis du chapelain et de la *scripture-reader*. La trahison de Jock Ewan primait en elle toute autre pensée, et la fausse gaîté qu'elle puisait dans l'étourdissement du *whiskey* déguisait mal les regrets que lui causait cette déception inattendue.

— Si un pareil amoureux m'était échu, disait la sœur aînée de Mary Loggie, je n'aurais de repos qu'après lui avoir rendu la poire au sac… J'attendrais une bonne occasion, et lorsqu'il y songerait le moins, je m'arrangerais pour lui faire passer un ou deux ans sous les verrous. — Jamais cette pensée ne serait venue à Jane ; mais, une fois dans sa tête et couvée tout à loisir, elle pouvait, elle devait y germer tôt ou tard.

Ce n'est pas que le raccommodement dût coûter bien cher à l'amant coupable, lorsqu'enfin ils se retrouvèrent. Il en fut quitte, après avoir essuyé une bordée de violents reproches, pour nier effrontément les torts qui lui étaient imputés. Ni les Frazer en général, ni Ann Frazer, — l'objet particulier des jaloux soupçons de Jane, — n'avaient jamais obtenu de lui qu'une parfaite indifférence. Il l'affirmait du moins, et sa maîtresse ne demandait qu'à le croire. La réconciliation fut scellée par quelques verres de *whiskey* ; ils allèrent ensuite passer la soirée dans un concert populaire, un *sing-song*, donné dans Bridge-gate, au bénéfice d'un voleur atteint de la fièvre typhoïde, et qui par conséquent se trouvait momentanément sans *ouvrage*.

Dès le lendemain, ils emménageaient ensemble dans *Old-Wynd*, une espèce de *New- Vennel*, que ses cours étroites, ses ruelles obscures, ses passages inextricables ont recommandé de tout temps aux voleurs de Glasgow. Jane Cameron avait toujours regardé cette vie à deux comme l'idéal de la félicité. Il ne lui fallut pas longtemps pour être désabusée. Malgré les fanfaronnades de Cannie Jock, qui lui annonçait chaque jour une « magnifique affaire, » la chance ne leur était point favorable. L'argent manquait presque toujours au logis, et Jane, plus soucieuse que jamais, bien que le remords ne se fît pas encore jour dans son âme, dut se résoudre à suivre l'exemple maternel en sous-louant *à la nuit* son misérable logement. Peut-être aurait-elle été tentée de rentrer à la fabrique ; mais le travail en ce moment n'abondait pas, et les patrons, plus indulgents lorsque l'ouvrage presse, se montraient peu disposés à réadmettre une personne aussi déplorablement notée que l'était désormais la compagne de Jock Ewan. Le pire de tout, c'est qu'elle commençait à déchiffrer le caractère ambigu de cet être pervers à qui son malheureux sort l'avait unie. Ne l'ayant guère connu qu'aux heures de prospérité, il ne lui était jamais apparu comme elle l'entrevoyait dès lors, profondément égoïste, poussant l'ingratitude jusqu'au cynisme et la prudence jusqu'à la couardise.

— En vérité, me disait-elle un jour, je ne pourrais expliquer le goût que j'avais pour lui. C'était un poltron, et il me trompait à la journée ; personne enfin, si ce n'est moi, ne l'aimait. — Elle l'aimait si bien qu'elle supportait sa tyrannie, ses mauvais traitements, et que, scrupuleusement fidèle, par son ordre elle volait, par son ordre chaque soir elle allait au dehors lui chercher quelque proie, sans pouvoir en échange de cette docilité, de ce dévouement pervertis, se flatter de lui avoir plu. Tel qu'il m'est apparu dans ses naïfs récits, ce petit misérable avait tous les instincts de la domination la plus despotique sans le courage, qui parfois les rend excusables. Sa lâcheté même fut cause du second « malheur » arrivé à Jane. Il lui avait amèrement reproché de ne rien faire pour le ménage et l'avait menacée de la planter là, si elle persistait dans ce qu'il appelait sa paresse. Elle sortit exaspérée, oubliant toute prudence, et sa première tentative provoqua une arrestation immédiate. Cette récidive lui valut soixante jours de prison avec travail forcé. Mary Loggie, qui s'était glissée parmi la foule jusqu'au pied du tribunal, lui jeta un regard de sympathie. Elle savait au juste, elle, ce que représentait une sentence pareille. Quant à Jock Ewan, il se garda bien de se montrer, et pourtant il ne courait aucun risque.

Cette fois Jane habitait seule sa cellule ; les loisirs que lui laissait une tâche ingrate étaient la plupart du temps consacrés à de pénibles réflexions sur l'emploi que Jock Ewan devait faire de sa liberté ; mais bientôt d'autres préoccupations succédèrent à celle-ci. Certains doutes lui étaient venus, qu'elle voulut éclaircir. Le médecin de la prison ne les lui laissa pas longtemps. — Pauvre petite ! murmura-t-il, hésitant à lui tout dire… Avant que six mois fussent écoulés, Jane allait devenir mère. Là-dessus il la laissa, surprise d'une telle perspective et distinguant à peine, dans son premier trouble, les émotions bienfaisantes qui se faisaient jour en elle. Le chapelain arriva. Cette fois, écouté avec déférence, il tint un langage tout autrement persuasif. Il n'avait plus à combattre dans les ténèbres un ennemi caché, il n'était plus victime d'une calomnie permanente ; une ironie cruelle ne jetait pas son froid venin sur les ardentes aspirations de sa charité. La *lectrice* revint, elle aussi, et ses paroles bienveillantes complétèrent, en les tempérant quelque peu, les sévères enseignements du ministre. Jane Cameron trouvait dans les visites de cette affectueuse jeune femme les premières vraies consolations qu'elle eût encore goûtées. « Je me sentais changée, dit-elle naïvement… J'avais alors bien franchement regret de mes fautes. Il me semble que, si on m'eût transportée hors du pays, j'aurais pu me corriger une bonne fois pour toutes. »

Les soixante jours s'écoulèrent, et Jane, un peu plus instruite peut-être, peut-être aussi avec quelques faibles velléités de se mieux conduire, se trouva un beau matin dans les rues, où Mary Loggie l'attendait. Elles s'embrassèrent, pleurant presque d'émotion. Jane avait bien en poche une recommandation du chapelain pour une respectable dame qui probablement l'eût mise sur quelque bonne voie ; mais ce témoignage de sincère amitié que lui donnait Mary, et qui la lui rendait encore plus chère, lui fit pour le moment tout oublier. Puis il fallait bien savoir où en était Jock Ewan. — Ne parlons pas de lui, dit Mary détournant la tête avec embarras. — Au contraire il en fallut parler et longuement. — La police et Cannie Jock étaient « en délicatesse. » Il avait dû quitter *Old-Wynd*, et s'était réfugié chez les Frazer. D'accord avec un autre couple de mauvais sujets, Annie Frazer et lui avaient fondé une espèce de maison. Jane Cameron était cette fois bien complètement, bien ouvertement délaissée. En écoutant, indignée, ces navrants détails, Jane déchirait, sans trop savoir ce qu'elle faisait, la lettre du bon chapelain, Il était bien question, ma foi ! de chercher un refuge, un *reformatory* quelconque !… La vengeance d'abord ! on verrait ensuite. Pour se venger, il fallait rester libre ; pour rester libre, retourner chez les Loggie. Pour y payer sa dépense, il fallait ;… mais cette fois Jane déploya une prudence infinie. Cannie Jock auprès d'elle eût semblé téméraire. Elle vécut ainsi trois mois entiers, au bout desquels ses hôtes eurent à leur tour des « malheurs. » Loggie et sa femme allèrent en prison. Leurs enfants se dispersèrent. Mary Loggie, Jane et une autre jeune fille nommée Clarkson montèrent un établissement commun ; en d'autres termes, elles prirent à elles trois un logement dans *New-Vennel.* C'était, pour Jane, revenir au pays natal. Dans la même maison était installée une association de malfaiteurs dont elles devinrent les « appâts » vivants. En un mot, l'ancienne vie et peut-être pire !…

Jane Cameron et Jock Ewan s'étaient quelquefois rencontrés, mais sans se parler. Pour rien au monde, elle n'eût adressé le moindre reproche au père de l'enfant qui allait naître. Sa haine, sourde et muette, se repaissait d'elle-même. La nouvelle maîtresse, la préférée, se pavanait parfois, et jetait un regard de pitié sur la malheureuse qu'elle avait fait oublier. Jane baissait les yeux sous ce regard, et l'ajoutait au trésor de ses injures encore non vengées. Changeant de domicile à chaque instant, Jock Ewan n'hésita point à prendre domicile dans *New-Vennel,* qui lui offrait probablement quelques convenances spéciales. Plus souvent que jamais, sans se parler, Jane et lui échangèrent des regards où le défi de l'un répondait à la menace de l'autre. Enfin l'occasion si patiemment guettée vint à s'offrir. Un vol fut commis dans *New-Vennel.* Il donna lieu par grand hasard à une dénonciation régulière. Ewan, soupçonné d'y avoir pris part, pressentit que la police aurait des explications à lui demander. Il disparut tout à coup. Annie Frazer, qui n'avait rien à démêler dans cette affaire, crut devoir tenir tête à l'orage, et demeura dans le domicile commun. Pour la première fois Jane Cameron lui chercha ouvertement noise un soir que sa voisine rentrait d'un pas légèrement inégal et la tête un peu excitée par la boisson. — Voilà donc l'oiseau parti, pauvre Annie ?… A votre tour, ma chère… Vous ne le reverrez plus…

— Croyez-vous ?… Il m'aime trop pour cela.

— Laissez-le quitter Glasgow, et sifflez ensuite pour qu'il revienne !

— Je ne siffle pour qui que ce soit, ma belle.

— Après cela, peut-être que je me trompe... Vous savez sans doute où il est ?

— Si je le savais, ce n'est pas à Jeannie Cameron que j'irais le dire... — Là-dessus Frazer mit fin à la dispute en jetant sa porte au nez de Jane.

Telle fut leur première escarmouche, dont Cameron ne parut avoir gardé aucun mauvais souvenir, car le samedi soir, dans Salt-market, on la vit honorer de sa préférence une *public house* où Frazer faisait grande dépense et grand bruit. Mary Loggie, prenant le rôle de conciliatrice, voulut que les deux ennemies, oubliant leurs griefs réciproques, échangeassent quelques toasts. Annie était d'humeur joviale et communicative ; elle se louait des générosités d'un invisible ami qui, disait-elle, ne la laissait manquer de rien, et lui fournissait amplement de quoi boire à sa santé. Jane se garda bien de ne pas deviner le nom de cet ami, et on vida quelques verres de whiskey en l'honneur de Cannie Jock ; mais petit à petit les cartes se brouillèrent. Jane mit en doute la confiance que ce prudent personnage pouvait avoir dans sa maîtresse actuelle, et traita formellement de *vanteries* ce que cette dernière affirmait à ce sujet. Frazer, qui n'était plus de sang-froid, se contenait à peine. Une dernière raillerie, mieux adressée que les autres, la mit hors d'elle, et, pour prouver qu'elle savait où prendre Jock Ewan, elle livra le secret de sa retraite. Ceci parut confondre Jane Cameron, qui demeura bouche close, et se laissa pacifiquement emmener par quelques tiers officieux.

De retour dans *New-Vennel*, le cœur lui battait devant l'image énormément grossie des crimes dont Jock Ewan s'était rendu coupable envers elle. La préférence qu'il accordait à une femme comme Annie Frazer, — une femme qu'elle haïssait, qu'elle méprisait entre toutes, — lui semblait impardonnable. La vengeance, — cette vengeance que tant de fois elle s'était promise, — était là, sous sa main, car elle n'avait eu garde d'oublier l'adresse fatale dont Annie Frazer, égarée par l'ivresse, avait trahi le mystère. Il fallait se hâter de saisir cette occasion, qui peut-être ne se représenterait plus. Quelques heures encore, et le fugitif serait sur ses gardes. Elle voulut descendre pour réfléchir posément, en plein air, à ce qui la troublait, l'agitait si violemment, et mettre un peu d'ordre dans ses pensées. Une fois dans High-street, elle rencontra, comme cela ne pouvait guère manquer, un agent de police à qui elle était connue. Le *detective* anglais a le privilège d'une certaine bonhomie narquoise et souriante. Il est poli, même complimenteur, et ne se refuse pas une plaisanterie de temps à autre, quand c'est une femme qu'il s'agit de faire jaser. En revanche, ses oreilles sont au guet et ne perdent pas un mot : — Cela va bien, Jenny ?... Et Cannie Jock, qu'en faites-vous, mon enfant ?

Pure plaisanterie, cette question ; le *policeman* savait fort bien à quoi s'en tenir sur la brouille de Cameron et de son ancien préféré. Dans la disposition d'esprit où était la rivale d'Annie Frazer, le côté railleur de l'allusion ne fut pas méconnu, on peut le croire. — Il n'est pas probable que je sache où le trouver... C'est bien cela que vous voulez dire ?

— Tout précisément, ma petite... — En répondant ainsi, le subtil *policeman* avait néanmoins pris note d'un vague sourire, d'une expression passagère, d'une nuance d'accent, qui lui donnaient à penser. Il n'en fit pas semblant et continua l'entretien en homme qui sait faire jouer plus d'un ressort, solliciter plus d'une passion secrète, provoquer l'indiscrétion par mille moyens détournés. Le *whiskey* aidant, car Jane n'était pas de sang-froid, il l'eut bientôt confessée. — Ne me nommez pas, lui cria-t-elle en prenant la fuite, plus honteuse de sa dénonciation qu'elle ne l'avait jamais été d'aucun de ses précédents méfaits.

A peine l'avait-elle quitté, le remords la saisit. Elle voulut courir après lui pour le prier de ne pas mettre à profit la fatale indication. Peine perdue bien évidemment ! Irait-elle prévenir Ewan ? Il était déjà trop tard. La police aurait sans doute pris les devants. Au moins fallait-il s'assurer de ce qu'il deviendrait. S'acheminant donc vers le *close* où il se cachait, elle se posta de manière à guetter tout ce qui en sortirait, et, comme elle l'avait bien prévu, elle vit descendre lentement, entre deux agents, le misérable qu'elle avait tant aimé. En ce moment, elle aurait donné sa vie pour le délivrer. « — Non par amitié, disait-elle, il ne m'en restait aucune, mais parce que j'avais si mal agi envers lui ! » Mary ne comprenait rien à ce remords. Quand elle eut à grand'peine deviné ce qui pesait sur la conscience de sa compagne : — Allons donc ! s'écria-t-elle, Cannie Jock n'a que ce qu'il mérite. — Peut-être, répondit Jane, mais cela me portera malheur... Cette superstition est pour beaucoup dans la répugnance que les voleurs ont à se trahir l'un l'autre. — Effectivement, me disait Jane en me racontant cet épisode, à partir de ce moment, tout se tourna contre moi, et je n'avais rien à dire, car c'était justice.

Jock Ewan, dont je n'aurai plus à vous parler, fut condamné à sept ans de détention. Annie Frazer, n'ayant pas le moindre souvenir de ce qui était échappé à son ivresse, ne soupçonna pas Jane d'être pour quelque chose dans ce désastre, dont un ami du prisonnier la consola promptement. Quant à Jane, bourrelée de remords, elle n'avait plus le cœur à rien, et sans l'amitié dévouée de Mary, impossible de savoir ce qu'elle fût devenue. Le terme de sa grossesse approchait. Pendant tout le dernier mois, elle se vit hors d'état de sortir. La misère l'envahissait de toutes parts, et dans ce moment-là même la seconde de ses compagnes, Clarkson, emmenée par son *pal*, qui venait de quitter la prison, les laissa, elle et Mary, aux prises avec des difficultés aggravées par ce départ. Au lieu de se partager en trois, le loyer dut être payé par moitié. Il était de quinze *pence* [19] par semaine. Dans ces angoisses, les conseils du chapelain revenaient parfois à l'esprit de Jane. Elle songeait à la mort, à la nécessité du repentir ; mais quoi ? tout le monde, Mary la première, lui aurait ri au nez, si elle se fût avisée de manifester le moindre scrupule de conscience. Non, non, il était trop tard… Elle n'avait pas quinze ans, et il était trop tard !

Mary Loggie déployait pourtant une merveilleuse activité. Sur elle pesaient tous les menus soins du ménage. Elle empruntait, mendiait, volait à l'occasion pour subvenir aux dépenses inévitables. Ce fut grâce à elle qu'une femme expérimentée en ces sortes de choses se chargea de pourvoir aux difficultés de la délivrance. Quinze jours auparavant, il fallut quitter *New-Vennel*, où on ne voulait plus garder les deux jeunes filles trop fréquemment insolvables ; elles trouvèrent asile chez une mendiante irlandaise, gratuitement installée dans un de ces logis abandonnés dont nous avons parlé plus haut. C'était en somme une personne obligeante, qui se contentait de promesses quand on n'avait rien de mieux à lui donner, et dont l'imperturbable bonne humeur soutenait de temps en temps le moral de Jane. Un jour qu'elle l'entendait se désespérer, et que le mot de « maison de travail » avait même été prononcé : — Allons donc !… n'ayez pas de ces idées-là, lui dit la vieille mendiante, il vaudrait encore mieux voler quelque chose tout exprès pour vous faire mettre en prison. — Cet expédient ne fut point accepté. A la prison, qu'elle connaissait, Jane préféra la lutte. Les jours passaient. L'enfant vint au monde. Jane crut qu'elle allait mourir, et dans ce moment suprême se repentit de la vie qu'elle avait menée. Quant au nouveau-né, à peine y songea-t-elle tout d'abord. « Je ne l'aimai que le lendemain, me disait-elle simplement, mais le lendemain je l'aimai beaucoup. » Il était, comme elle, venu au monde sur un tas de copeaux, dans une chambre où les voisins entraient pêle-mêle. C'étaient pour la plupart des Irlandais, beaucoup de mendiants, et dans le nombre quelques voleurs. Tous s'intéressaient à cette mère si jeune et réduite à un si complet dénuement. Les femmes surtout l'entouraient de rudes prévenances, et, prenant sur leur chétif ordinaire, lui apportaient qui un peu de lait, qui un débris de poisson, qui un morceau de pain durci dans le bissac. Pourtant Jane restait faible et ne se remettait point. Au bout de quinze jours, les commères surprises commencèrent à murmurer « qu'elle faisait sa grande dame. » Aucune d'elles, en pareille circonstance, ne demandait un si long délai pour se retrouver sur pied. Jane se consolait de leurs reproches en embrassant le nouveau-né, dont elle commençait à raffoler, n'ayant encore eu jusqu'alors rien à aimer… si ce n'est Ewan. Mary Loggie, aimante aussi à sa manière, mais femme positive et pratique, ne comprenait rien à une pareille adoration. — Ce petit être va vous donner de fiers embarras, disait-elle à son amie… Qu'en ferez-vous quand vous serez remise ?

— Et qu'en font les autres ? demandait Jane. — Les autres ne sont pas comme vous,… ni si jeunes, ni si pauvres, ni si abandonnées, répliquait Mary… Croyez-moi, le perdre serait un bonheur… L'idée de ce *bonheur* glaçait le sang de la jeune mère ; étreignant son enfant sur sa poitrine, elle prenait en horreur Mary et leur hôtesse quand elles lui tenaient de pareils propos.

Un soir elle descendit pour prendre l'air, — Dieu sait quel air elle respirait la plupart du temps ! — et quand il fallut remonter son étroit escalier, elle trouva cette tâche presque au-dessus de ses forces. Pourtant il fallait se résoudre à gagner quelque chose de manière ou d'autre. Ses dettes augmentaient chaque jour, la patience manquait à ses voisins ; ils ne supporteraient pas longtemps les charges qu'elle leur imposait. Perdue dans ces tristes réflexions et berçant son enfant, qui ne s'endormait guère, elle entendit l'horloge sonner deux heures du matin. Jamais Mary ne rentrait si tard. Elle aimait, disait-elle, ses nuits franches. Où donc était Mary ? Trois heures, puis quatre, et Mary ne revenait point. Jane se tourmentait de plus en plus, assiégée de sinistres pressentiments, malgré les propos rassurants de son hôtesse, dont elle troublait le sommeil. Bientôt elle n'y tint plus, et son enfant dans les bras, l'abritant d'un mauvais châle, pieds nus, à peine vêtue, elle se traîna jusqu'au bureau de police, dans High-street. Là, derrière leurs pupitres, trois ou quatre commis se succèdent nuit et jour, enregistrant les noms des prévenus, les dépositions sommaires des témoins, les rapports des *policemen*. Jane s'avança vers l'un d'eux : — Pourriez-vous me dire, monsieur, si Mary Loggie est ici ?…

— Vous dites ?…

— Mary Loggie.

L'écrivain posa sa plume, et tournant le feuillet qu'il était en train de noircir : — Oui, dit-il, étouffant à grand'peine un bâillement expressif.

— De quoi est-elle accusée ?

— De vol, fut-il répondu sans autre explication.

Jane serra contre sa poitrine l'enfant endormi. Qu'allaient-ils devenir tous deux maintenant que Mary n'était plus là ?

Notes

1.   Titre que portent dans les prisons de femmes, en Angleterre, les préposées à la surveillance des convicts.

2.   875 francs environ.

3.   4 francs 15 centimes.

4.   1,000 francs, augmentés annuellement de 31 francs 25 centimes.

5.   A break.

6.   D'homme à homme, la différence est au plus celle du ciel et de la terre ; — mais, de la meilleure à la pire des femmes, il y a celle du ciel et de l'enfer.

7.   Le stiff, dans la langue spéciale aux prisons, ou, pour mieux dire, dans l'argot des classes dangereuses, est un papier quelconque, plus particulièrement un billet, une lettre secrète, que la raideur du papier (stiffness) rend difficile à transmettre.

8.   Tower-woman. Chaque pentagone à Millbunk a pour centre une tour où sont installés les logemens des matrones.

9.   The screw, mot à mot, l'écrou, la vis de pression. Ce mot nous semble devoir être rendu en français par son équivalent le plus usité. C'est la surveillante du ward qui se trouve ainsi désignée.

10.   Forme écossaise donnée familièrement au nom de la ville de Glasgow.

11.   Le shebeen est un débit de boissons tenu sans autorisation ou licence.

12.   Jean-le-Subtil.

13.   Forme écossaise du mot school. — Ici par abréviation de dancing-school.

14.   Le close ou enclos est ce que nous appellerions ici un passage, une cour, une cité, un ensemble de bâtiments percé de ruelles et d'espacements irréguliers.

15.   Le wee pawn est un établissement particulier de prêt sur gage, où l'on est censé ne prêter que pour quelques heures, et où on prélève en conséquence une somme assez modique en elle-même, mais qui devient exorbitante pour peu que le remboursement soit ajourné.

16.   Esquinancie, glandes au cou.

17.   Lassie, forme écossaise du mot lass, jeune fille.

18.   Scripture-reader. Cet emploi, quelquefois salarié, quelquefois aussi est volontairement rempli, à titre gratuit, par une femme du monde vouée aux bonnes œuvres.

19.   1 franc 50 centimes environ.

SECONDE PARTIE [1]

V

Millbank, novembre. 1859.

Ces pages amoncelées dans mes tiroirs, et que j'ai dû relire pour retrouver le fil d'un récit longtemps interrompu, me suggèrent aujourd'hui bien des réflexions dont je ne m'avisais guère en les traçant. Jane et sa maternité précoce me font malgré moi songer aux pauvres enfants qu'une Providence étrangement rigoureuse fait naître dans cette demeure sombre. Comment se défendre d'un sentiment de tristesse en voyant s'ébattre dans la *nursery* de Millbank, devant une énorme cheminée que protège un épais grillage, ces petits êtres, insoucieux, il est vrai, de l'avenir qui les attend, mais flétris dès l'heure où ils viennent au jour, et sur qui pèse la fatalité des penchants héréditaires combinée avec celle de la première éducation qu'ils reçoivent dans un pareil milieu ? Il me semble, et je ne suis pas seule à penser ainsi, qu'on devrait les soustraire plus tôt qu'on ne le fait aux désastreuses influences d'un pareil séjour. Les anciennes règles voulaient qu'on les renvoyât, dès la seconde année, sa ceux de leurs proches qu'on jugeait capables d'en prendre soin. Maintenant, par une tolérance de plus en plus fréquente, — surtout si la condamnation de la mère est à long terme, — l'enfant est souffert près d'elle jusqu'à l'âge de quatre ans, pareilles exceptions demeurant d'ailleurs facultatives.

La pitié que m'inspirent ces innocents captifs ne m'empêche pas de reconnaître qu'ici — comme ailleurs, et dans des conditions quelquefois bien moins tolérables, — cet âge heureux conserve ses privilèges imprescriptibles, son insouciance légère et sa gaîté contagieuse. Je constate aussi que nos *convicts* sont généralement des mères assez tendres et assez soigneuses. Sans que le règlement soit modifié en leur faveur d'une manière explicite, on leur concède dans la pratique certains adoucissements. Elles se lèvent plus tard, on n'exige point d'elles la même somme de travail ; leur régime alimentaire est adapté aux nécessités de l'allaitement. Quant à l'enfant de prison, un peu plus pâle, plus délicat et plus chétif que les gamins de la rue qui viennent, à travers la grille extérieure, le voir jouer dans la cour d'entrée, il manifeste assez fréquemment une intelligence vive et subtile, une sagacité au-dessus de son âge et qu'on pourrait croire un don de naissance. La jalousie maternelle dont il est l'objet va quelquefois un peu loin, si j'en juge par l'aventure d'une de mes collègues, frappée rudement au visage alors qu'elle se baissait pour embrasser la fille d'une de nos condamnées. En revanche, j'ai vu l'une de ces femmes s'inquiéter bien plus vivement des infidélités de sa *pal* que des progrès faits par une étrangère dans l'affection de son enfant.

Ces détails me ramènent tout naturellement à l'humble héroïne de ce trop véridique récit. En dépit de tout ce qui pourrait et devrait me rebuter, elle m'inspire toujours un vif intérêt, et je ne veux désespérer d'elle à aucun prix. En quelle passe critique ne l'avons-nous pas laissée ! Dénuée de tout secours, privée de sa fidèle compagne, réduite à recevoir l'aumône de ceux qui la sollicitent, suspecte, justement suspecte à une police implacable, et, malgré la misère qui l'y assiégeait, retenue chez elle par les soins que réclamait impérieusement le nouveau-né, Jane, en cette extrémité, dut songer à la *maison de travail* ; mais ces établissements, qu'on redoute de voir trop aisément encombrés et dont la prudence administrative a voulu rendre le séjour aussi peu attrayant que possible, sont par là même investis d'un fâcheux renom. Les mendiants au milieu desquels vivait Jane la détournaient d'une résolution selon eux désastreuse. Si jeune et déjà mère, n'intéresserait-elle pas tous ceux qui la verraient réduite à tendre la main pour elle et son enfant ? Fallait-il laisser perdre le bénéfice d'une pareille situation ? Un soir, malade encore et se traînant à peine, la pauvre fille se laissa persuader. Elle n'avait pas la force de suivre les passants qui hâtaient le pas pour se dérober à ses importunités ; mais son visage amaigri, ses yeux plombés, sa pâleur morbide, les arrêtaient, pour ainsi dire, malgré eux, et bien rarement elle rentrait les mains vides. Les *policemen* eux-mêmes, ses éternels ennemis, la regardaient avec compassion. — Mendier ne vaut-il pas mieux que voler ? avait-elle répondu nettement au premier d'entre eux qui hasarda une observation sur ce nouveau mode d'existence.

— L'un n'est pas plus permis que l'autre, répondit-il en haussant les épaules, mais il se garda bien désormais de la prendre en flagrant délit. Ce fut donc volontairement qu'après trois semaines de cette triste vie, elle y renonça pour toujours. Naturellement franche et hardie, les obséquiosités, les mensonges larmoyants, les subterfuges hypocrites de son nouveau métier lui coûtaient plus qu'à bien d'autres. L'enfant d'ailleurs, promené dans les rues par tous les temps, avait gagné un mauvais rhume. Il ne faisait plus que tousser et crier. Tel quel, les voisins de Jane continuaient à lui envier ce puissant auxiliaire. On le lui empruntait quelquefois ; on finit par vouloir le lui acheter. Ceci la révolta plus que tout le reste. Elle craignit enfin qu'on ne le lui volât, et dès qu'elle se sentit à la tête de quelques shillings, elle abandonna le *close* et la mendiante irlandaise qui s'était montrée si charitable. Dans sa situation actuelle, cette espèce de coup d'état ne pouvait s'expliquer que par un parti bien arrêté de reprendre ses anciens errements. Elle y était tout à fait décidée.

L'enfant lui devint alors un immense embarras. Il la retenait fréquemment au logis et lui faisait manquer l'exécution des plans concertés avec les nouveaux associés qui l'avaient acceptée comme auxiliaire. Il troublait leur sommeil par ses continuelles doléances, et on ne comprenait pas que sa mère s'accommodât d'un accessoire si gênant ; mais plus le fardeau était lourd, plus elle semblait s'y rattacher. En revenant un soir auprès de l'enfant, qu'elle avait laissé endormi sur le tas de chiffons qui lui servait de berceau, elle ne le vit plus, et son cœur se serra étrangement. — Me l'auraient-ils tué ? pensa-t-elle en se remémorant les conseils que ses nouveaux compagnons lui avaient plus d'une fois donnés à mots couverts. Au moment où elle se sentait envahie par un frisson de terreur, le marmot cria. Une voisine l'avait recueilli chez elle. Sur ce, fureur de la jeune mère : — Qui vous a donné le droit de toucher à mon enfant ?

— Il piaillait à tue-tête, les voisins se fâchaient, un d'eux avait déjà parlé de venir tordre le cou à ce pauvre petit. — Mais Jane n'écoutait rien, et peu s'en fallut que la querelle ne dégénérât en bataille. Un autre jour, vaguant par les rues, elle rencontra sa mère. Leur dialogue fut caractéristique. — Vous voilà donc revenue ? dit Jane.

—- Oui, répliqua mistress Cameron, et justement je vous cherchais. Où logez-vous ?

Jane le lui ayant dit : — Nous irons ailleurs, continua sa mère…
Je ne veux pas tant de monde autour de moi… Quel paquet avez-
vous là ?

— C'est mon enfant.

— En vérité !… vous avez déjà fait tout ce chemin ?… Je pensais
bien que vous tourneriez mal… Où est le père ?

— En prison pour sept ans…

— Pauvre petite, vous n'avez guère de chance !… Allons causer de
tout ceci… Un verre de whiskey nous fera du bien à toutes deux.

Mistress Cameron, quand le whiskey eut délié sa langue, ne fut
point avare de confidences. Son homme l'avait trahie, abandonnée.
Il était parti pour l'Amérique avec une jeune fille dont il eût pu être
le père, et sans le moindre avis ni le moindre adieu. Par suite de cet
incident, elle était allée tout d'abord habiter Perth, puis Aberdeen,
laissant s'éteindre à Glasgow le souvenir des poursuites entamées
contre elle. L'amour de la terre natale maintenant l'y ramenait ;
peut-être aussi un vague désir de savoir ce qu'était devenue sa
fille. Du reste, pas un mot d'explication sur le brusque abandon
de cette pauvre créature, qui de son côté n'imagina pas de s'en
plaindre. Ce fut très simplement, pour compléter son récit, que
mistress Cameron dit à Jane : — Vous savez qu'il ne vous aimait
guère, notre homme. Il ne voulut jamais entendre parler de vous
emmener avec nous.

La mère et la fille vécurent quelques jours en assez bons termes
dans le *close* où leurs pénates étaient transférés. Elles avaient, d'un
commun accord, « repris les affaires, » et vous devinez ce qu'elles
entendaient par ce mot. Seulement pour ce genre d'opérations, qui
demandé le moins de bruit possible, l'enfant créait des embarras
considérables. Mistress Cameron suggéra divers expédients plus
ou moins acceptables, que Jane écartait les uns après les autres.
Elle ne voulait à aucun prix se séparer de son *bairn*[2], et s'inquiétait
de voir avec quelle lenteur il se développait par rapport aux
autres *maillots* de son âge. Elle eut enfin le mot de l'énigme un
soir que, rentrée à l'improviste, elle surprit mistress Cameron
administrant au pauvre petit une boisson stupéfiante. Jane le lui
arracha des mains avec de vifs reproches et passa le reste de la nuit
à le bercer sur son cœur. Désormais elle ne pouvait presque plus

se résoudre à le quitter. De là des querelles sans fin, car mistress Cameron, toujours âpre au gains, n'entendait pas qu'on perdît son temps, et que les bonnes aubaines fussent délibérément sacrifiées à la santé de son petit-fils. Les discussions s'envenimèrent, et l'enfant n'en alla guère mieux. Sa mère le vit tout à coup frappé d'un mal qu'elle ne connaissait pas ; ce n'était ni cette langueur chronique dont elle s'inquiétait naguère, ni cette toux opiniâtre qu'il avait contractée dès les premiers temps de sa venue au monde. Il fallut, malgré les remontrances intéressées de mistress Cameron, appeler le médecin. Pourquoi pas le dispensaire, pourquoi pas l'hôpital ? Non ; Jane ne croyait qu'aux médecins *payés*. Celui-ci vint, examina le petit malade et hocha la tête en reconnaissant cette fièvre spéciale qu'engendre la *malaria* des maisons mal tenues et trop habitées. Peu après, un des locataires de hasard qui prenaient gîte chez mistress Cameron contracta la même maladie et récrimina violemment contre le petit pestiféré, qu'il accusait de la lui avoir communiquée. Ce fut alors un concert de plaintes et de menaces à tous les étages d'*Old-Vennel*. Jane ne pouvait y opposer que des pleurs ; ses craintes superstitieuses lui revinrent. — Le malheur me poursuit depuis que j'ai trahi Jock Ewan, redisait-elle à chaque minute… Je suis sûre que l'enfant mourra.

— En ce cas, tant mieux pour vous, interrompit un jour sa mère, que fatiguait cette jérémiade éternelle.

« Je me pris alors à détester ma mère, » ajoutait Jane en me racontant ce triste épisode. Bref, l'enfant mourut. Jane voulut le placer elle-même dans son petit linceul, et comme elle pleurait encore, sa mère l'emmena du côté d'une *public house* où elles furent bientôt attablées l'une en face de l'autre. — Contre le chagrin, disent les pauvres gens de Glasgow, il n'est rien de tel que le whiskey.

Avec l'enfant, les bons instincts étaient morts. Jane, dont la douleur démonstrative et bruyante devenait petit à petit pour son entourage un sujet de raillerie, ne trouvait de consolation que dans l'oubli de soi-même et dans cette insanité temporaire qui accompagne l'ivresse. Ce remède toutefois n'était pas sans inconvénients pour une personne dont l'indiscrétion pouvait en compromettre tant d'autres. On eut peur de ses bavardages, de son langage téméraire, des insolences qu'elle se permettait à tout risque, n'ayant plus souci de rien. Mistress Cameron grondait de plus belle ; mais le temps était passé où Jane avait encore quelque déférence pour ses conseils, quelque désir de lui complaire. Après quelques altercations de plus en plus aigres, la mère exaspérée voulut recourir à la violence pour se faire obéir : elle eut bientôt à le regretter, car elle n'était pas la plus forte et se vit expulsée du domicile commun. — C'est bon, c'est bon, dit-elle en le quittant, vous ne serez pas longtemps à retourner sous les verrous. L'exaltation de sa victoire soutint Jane pendant un jour ou deux, puis l'ennui la prit, et d'ailleurs un loyer de quinze *pence* par semaine lui parut trop lourd pour ses ressources, fort diminuées depuis qu'on ne voulait plus *travailler* avec elle. Glasgow lui devint odieux. Elle partit — à pied et pieds nus, faute de pouvoir prendre un billet de chemin de fer, — pour l'ancienne capitale du royaume écossais. A Edimbourg, mille déceptions l'attendaient. Elle ne connaissait pas la ville, et l'avantage d'y être inconnue ne compensait pas les difficultés qu'elle eut à s'y créer des relations d'un certain ordre. On se moquait de son accent, ce qui la jetait hors des gonds ; puis elle trouvait là beaucoup moins de population flottante, beaucoup moins de ces oiseaux de passage, — marins anglais, espagnols, américains, — qui viennent débarquer directement à Glasgow et dont on exploite aisément les instincts aventureux. D'ailleurs Jane était arrivée à cet état de malaise intérieur et d'inquiétude permanente où on ne peut plus se fixer nulle part. Malgré les risques inhérents à cette détermination, elle voulut revoir son vieux *Glasgie* et faillit s'attendrir en se retrouvant au milieu des magasins de Salt-Market. Elle y retrouva Mary Loggie, qui venait d'achever son temps, et dont l'amitié vivace ne s'était en rien altérée depuis leur séparation. Les deux amies n'hésitèrent pas un moment à se réunir pour reprendre ensemble leur ancien métier. Cette alliance ne dura guère ; une espèce de loi providentielle les condamnait à n'être jamais libres en même temps. Cameron fut arrêtée presque aussitôt ; le complice du vol dont elle avait été reconnue coupable passa devant une cour supérieure. Jane elle-même, qui s'attendait, vu la récidive, à un an de prison, fut condamnée au double de ce temps. « Bien que le cœur me manquât, disait-elle, je fis bonne contenance, car un grand nombre d'amis étaient venus me voir juger ; mais, une fois dans ma cellule, la perspective de ces deux années me donna littéralement le frisson. »

Cet effroi n'impliquait aucun repentir. Ses plans étaient arrêtés d'avance ; elle s'était promis, tout en se conduisant le mieux possible, de n'écouter qu'à bon escient les exhortations dont on allait lui rebattre les oreilles. Garder strictement les apparences, ne se permettre aucune révolte, puisque toute révolte serait punie, travailler de bonne grâce, suivre strictement la règle, se concilier le bon vouloir des supérieurs, tout ceci rentrait dans son programme ; mais elle entendait bien aussi garder intacte sa liberté intime, et puisque ni la prière ni les sermons ne l'avaient rendue meilleure, elle comptait n'en user que pour la satisfaction d'autrui, s'efforçant même de penser à autre chose pendant que le chapelain et la *Scripture reader* s'efforçaient de la persuader. Ils pressentirent cette résistance obstinée, ce défi intérieur, et se réduisirent tout naturellement à obtenir ce que Jane n'avait aucune envie de leur contester, une déférence purement extérieure, les semblants de repentir, les vaines promesses de mieux faire, que bien peu de nos *convicts* refusent à leurs gardiens spirituels. Au fond, elle était si peu convertie que, dans ses longs entretiens avec sa compagne de cachot, elles convinrent de s'embarquer ensemble pour l'Amérique aussitôt que la liberté leur serait rendue. New-York leur semblait un théâtre digne d'elles, et la police transatlantique passe à bon droit pour très indulgente ou très maladroite. Sur ces entrefaites, notre prisonnière reçut par l'intermédiaire des autorités de la prison, et après qu'elles en eurent pris connaissance, une lettre de mistress Cameron. Celle-ci annonçait son prochain départ pour les États-Unis et demandait à prendre congé de sa fille. Jane se hâta de solliciter l'autorisation requise et l'obtint sans difficulté. Les deux femmes se revirent en présence d'un tiers, conformément à la règle, et mistress Cameron, que sa fille avait eu peine à reconnaître sous des vêtements à peu près corrects, ne voulut s'expliquer qu'avec force allusions et réticences sur les motifs de son expatriation. — Le *bonhomme*, disait-elle, une fois à New-York, a fait bail d'une nouvelle existence... Ses *affaires* vont bien et réclament impérieusement mon secours. Il reconnaît ses erreurs et m'appelle auprès de lui... Grâce aux regards d'intelligence qui accompagnaient cette phraséologie énigmatique, Jane crut comprendre qu'il s'agissait, pour l'homme qu'elle avait longtemps regardé comme son père, d'exercer à New-York l'industrie passablement ambiguë qui naguère les faisait vivre à Glasgow. Les réponses évasives qu'elle obtint de sa mère quand elle s'enquit de l'adresse où elle pourrait lui écrire la confirmèrent dans cette idée.

— Soyez tranquille, répondit mistress Cameron, nous ne vous laisserons pas sans nouvelles,… et, s'il y a lieu, vous serez conviée à venir nous joindre… Quant à notre adresse là-bas, croiriez-vous bien que je ne la sais pas encore moi-même ?…

Ce mensonge bien évident n'empêcha point Jane de ressentir, beaucoup plus vivement qu'elle ne s'y attendait, une séparation qui menaçait d'être longue et que rien n'empêchait de devenir définitive ; ses pleurs, ses sanglots étonnèrent mistress Cameron, qui avait conscience de ne mériter point pareils regrets, et qui n'avait pas prévu tant de faiblesse chez une créature aussi bien trempée. Au surplus, après cette première émotion, toute d'instinct, Jane fut aussi surprise que sa mère. « Je ne savais pas au juste pourquoi j'avais tant larmoyé, me disait-elle en toute franchise, et la nuit d'après, quand je me remémorai la surprise consternée de ma mère, je me redressai sur mon séant avec un éclat de rire subit qui réveilla ma compagne. Elle crut un moment que j'étais devenue folle… C'est égal, ajouta Jane, nous nous sommes quittées bonnes amies, et j'avoue que cela me soulage, car depuis lors je n'ai plus entendu parler ni de maman ni de son homme. »

Je voudrais, — et je m'y efforce de mon mieux, — vous faire comprendre cette nature à part, toute d'impressions et de contrastes ; y réussirai-je, Henry Gillespie ? Franchement le doute à cet égard m'est permis. Tous, et bien d'autres comme vous, n'admettez pas que, si profondément viciée, l'âme humaine puisse, dans une mesure quelconque, se relever de sa déchéance. Je ne sais même si vous n'écartez pas cette idée comme antipathique aux notions d'une saine morale, et je suis d'autant mieux portée à le croire que j'ai partagé ces idées absolues. Plus tard, il est vrai, j'en ai bien rappelé, peut-être un peu trop. Il me semble que, par degrés à peine sensibles, la prosaïque expérience de chaque jour restreignant ce que l'essor de l'imagination peut avoir d'exagéré, je rentre dans une appréciation plus vraie de ce que la nature permet et de ce qu'elle exclut. Pour Jane, par exemple, j'ai cessé de croire à une métamorphose absolue. Je ne me flatte plus d'en faire une chrétienne dans la plus noble acception du terme : elle est descendue trop bas pour remonter si haut ; mais, en m'aidant de tous les bons germes qu'elle croit définitivement étouffés et qui me semblent aptes à revivre, je puis espérer qu'elle deviendra, grâce à mes efforts, si Dieu les bénit, une brave femme comme tant d'autres. De ce but, si modeste qu'il soit, je me sais encore très loin ; mais les premiers pas sont faits, du moins je veux le croire. Perdre cette illusion serait perdre courage, aussi regretterais-je qu'on me détrompât. Pour le présent, voici où nous en sommes.

Miss Baly, que j'essayais d'éclairer sur le compte de Jane, et qui malgré tout n'a jamais pu se rendre raison des boutades, des inégalités, des caprices de cette femme-enfant, miss Baly a fini par me la céder. Profitant de l'attachement bizarre que Jane m'a voué, l'augmentant encore par quelques menues indulgences au courant desquelles personne n'a été mis, j'ai acquis sur elle une certaine autorité. Bien certainement elle est meilleure. Je l'ai rendue à une sorte de calme. En lui confiant, soit à la chapelle, soit dans les cuisines, des travaux pénibles, j'ai atténué l'exubérance d'énergie qui la tourmente et l'exalte. La fatigue du corps est une soupape de sûreté qu'il faut savoir ouvrir à propos. Imaginez bien que je n'ai pas toujours réussi. Malgré tous ses efforts et avec la pleine conscience de sa folie, ma néophyte a succombé plus d'une fois ; mais elle a recommencé la lutte sur nouveaux frais après un découragement passager. J'ai fini par la conduire ainsi jusqu'à l'*association*, qui est la récompense d'un certain nombre de bonnes notes (*marks*) obtenues dans un temps donné. Ici l'amélioration a été sensible quant à la conduite. Or trois mois de vie en commun franchis sans mauvaise note mettent une prisonnière de Millbank en passe d'être transférée à Brixton, où l'attend une amélioration marquée dans les conditions de sa captivité. Huit jours avant l'expiration de ce trimestre d'épreuve, je félicitais Cameron (qui par parenthèse est sensible aux éloges comme aux reproches) sur le succès de ses vaillants efforts. — A la bonne heure, miss Weston, me dit-elle avec un accent particulier que j'ai appris à connaître, mais il faudrait me changer de cellule… Je suis avec une femme qui m'agace les nerfs par ses méchantes plaisanteries, continuât-elle en voyant ma surprise… C'est tout ce que j'ai pu faire que de ne pas lui apprendre de quel bois je me chauffe en pareil cas… Il n'y avait pas à se méprendre sur le geste qui accompagnait cette menace directe. Je promis donc à Jane qu'on la débarrasserait de cette fâcheuse voisine. Malheureusement, parmi tant d'autres soins à prendre, je perdis de vue celui-là. — Miss Weston, me dit Jane le lendemain, vous voulez donc que je retourne parmi les *isolées* ? J'y serai dès ce soir, si vous *la* laissez sous ma main.

Je remerciai Dieu d'être encore à temps, et, moyennant une complaisance que miss Baly se fût fait un devoir de refuser, Cameron est allée à Brixton. Y restera-t-elle ? Je n'en suis pas certaine, il s'en faut. Les impressions religieuses n'ont pas grande prise sur elle, et je la sais encore désespérant d'un changement absolu qui lui semble impossible. Elle se garderait bien de ne pas exprimer tout haut le regret d'avoir si mal vécu ; mais je vois clair dans ces bons propos légèrement hypocrites. Une fois rentrée dans la cellule qu'elle partage maintenant avec deux autres *convicts*, elle hausse les épaules, et se demande et demande à ses compagnes si elle a pu agir autrement qu'elle ne l'a fait. Toutes en sont là. Toutes ont été les innocentes victimes d'une irrésistible destinée, Toutes se plaignent, avec une sincérité parfaite, des rigueurs de la société envers elles, et chacune se croit en butte à une persécution personnelle dont elle cherche en vain le mot.

VI

Brixton, août 1860.

Me voici à Brixton, et vous n'aurez pas de peine à vous expliquer ce qui m'a poussée à faire quelques démarches pour y entrer. Jane avait exprimé très hautement son regret de me laisser à Millbank. Après quelques mois de séjour dans sa nouvelle prison, et bien qu'elle apprécie les « douceurs » relatives qu'on y ménage aux *convicts* dont la bonne conduite en a forcé les portes, — le thé quotidien par exemple et les récréations plus longues dans l'*airing-ground*, l'association, qui est ici de règle [3], enfin les chances de la promotion à l'*insigne* n°1, qui entraîne une notable augmentation de salaire, — elle menaçait d'un *éclat* qui l'eût fait rentrer à Millbank, c'est-à-dire auprès de moi. — Peut-être aussi pensait-elle à Susan Marsh, son *ex-pal*, dont elle est toujours férue malgré ses griefs contre cette *infidèle*. J'ai dû parer le coup de mon mieux. Personne n'est et ne doit être dans les confidences des motifs qui m'ont fait agir. Cameron elle-même ne s'en doute aucunement ; elle n'en est pas moins très heureuse du *hasard* qui nous rapproche ainsi. On l'a expédiée ici comme prisonnière de troisième catégorie (ou, selon le langage officiel, du *numéro trois*). C'est par une série d'efforts et après un certain nombre de bonnes notes qu'elle sera promue au numéro deux et passera dans l'aile orientale, puis au numéro un, si Dieu lui prête vie et constance. En attendant, je l'ai demandée pour femme de chambre, ce qui est réputé, — vous l'ai-je dit ? — une faveur de premier ordre. La matrone en chef hésitait, Jane n'ayant pas toutes les perfections requises pour un si noble emploi ; finalement, à force d'y revenir sous main et sans bruit, j'ai emporté la question. Le troisième ou quatrième jour de son entrée en fonction, la nouvelle soubrette m'a régalée. d'une véritable algarade. Revenue à l'improviste dans mon logis, je l'ai trouvée le coude sur la cheminée, dirigeant un regard sombre vers quelques pièces de monnaie (parmi lesquelles brillait un *sovereign*) que j'avais oubliées là au moment de descendre. — C'est donc une épreuve ? me dit Jane en me voyant entrer… Au premier abord, je ne compris rien à cette question. — Oui, reprit-elle, vous avez laissé là cet argent pour voir si je résisterais à la tentation… Eh bien ! je vous assure que c'était peine perdue… — Comme vous pouvez le penser, je me disculpai de mon mieux, me reprochant ma distraction et assurant Cameron que je n'avais pas un instant douté d'elle. L'aurais-je, sans cela, demandée pour *bed-woman* ? .. — Au fait, reprit-elle avec la mobilité ordinaire de son esprit, quel a été votre motif ?

— L'espérance que vous justifierez mon choix en vous conduisant bien.

— C'est ce que je compte faire.

— Avec l'aide de Dieu, sans aucun doute.

— Non… avec votre aide, me répliqua l'impie.

Il y a quelques jours, ce fut bien une autre affaire. — Miss Weston, me dit-elle à brule-pourpoint, dès qu'il y aura une vacance parmi les *numéros deux*, j'ai promesse d'y être admise. — Feignant d'ignorer ce qu'elle croyait m'apprendre, j'allais la féliciter ; elle m'arrêta court. — J'ai cette promesse, reprit-elle, mais je ne compte pas en profiter.

— Vous refuseriez un pareil avancement ?

— Je le refuserai net... — Puis, avec quelque hésitation, car elle est remarquablement timide dans ses effusions de cœur : — Je veux rester ici, continua-t-elle, je ne veux point vous quitter. Si on m'envoie dans l'autre *ward*, je ferai quelque petite faute pour qu'on me ramène à vous... — J'eus beau lui représenter tous les avantages attachés à la promotion qui lui était annoncée. — Je sais, je sais tout cela, répétait-elle avec une obstination inflexible, mais j'entends et prétends rester où vous êtes. — En désespoir de cause et à bout de raisonnements : — Qui vous dit, m'écriai-je, que je ne passerai pas, moi aussi, dans l'aile orientale ? .. — Ceci la réduisit au silence, et j'imagine que, bercée de cette espérance, elle ne refusera plus la juste rétribution de ses efforts sur elle-même.

Voyons, mon ami, est-ce que je m'abuse en ne retrouvant plus ici la prisonnière que nous avons laissée dans la geôle de Glasgow, bien fermement résolue à ne point s'amender, bien fermement pénétrée du néant de la prière, et se refusant de propos délibéré à toute influence morale ? A cette époque et presque aussitôt après le départ de sa mère, elle reçut par voie indirecte une nouvelle bien faite pour l'étonner. Mary Loggie lui apprenait son mariage en bonnes et légitimes noces avec un honnête ouvrier anglais, charpentier de son état. Comme elle n'entrait à cet égard dans aucun détail, Cameron ne voulut accepter qu'à titre de plaisanterie l'étrange communication qui lui était adressée. Il y avait là, gour elle, une véritable énigme dont elle se réservait de chercher le mot quand elle se retrouverait dans les rues bien-aimées de Glasgow, ces rues dont la séparait l'épaisseur d'un mur et où la transportaient sans cesse les rêves interminables auxquels tout captif s'abandonne. Après le double retour de quatre longues saisons, elle les revit enfin ; mais ce jour-là elle eut beau s'enquérir de Mary Loggie, personne ne sut lui dire ce qu'elle était devenue. Différents bruits couraient sur la brusque disparition de la fille du receleur. Quelques personnes la disaient effectivement mariée et partie pour l'Angleterre avec son mari ; d'autres pensaient qu'elle avait tout simplement cherché fortune par-delà les ponts, chez ces *voleurs de rivière* à qui la négligence proverbiale des matelots procure parfois, sur les points de débarquement, de merveilleuses aubaines. Peut-être aussi avait-elle péri dans une rixe ignorée. Ses sœurs, ses frères eux-mêmes en étaient réduits à ces Conjectures incertaines. Après de vaines recherches, il fallut bien prendre son parti, et Jane, comme elle l'avait pressenti, prévu, décidé d'avance, rentra dans la voie fatale où elle se croyait irrévocablement engagée. Les conseils de sa compagne de cellule, femme d'âge et d'expérience supérieure, n'avaient pas été perdus pour elle, et maintenant elle étonnait ses anciens associés par son excessive prudence. Il en est presque toujours ainsi au sortir d'une prison, ce qui prouve qu'on n'a pas grande envie d'y retourner. Ne marchant plus qu'avec d'extrêmes précautions, Jane perdait beaucoup de chances et vivotait misérablement. Il n'en fut pas de même lorsque Annette Ryan, au sortir de la geôle qu'elles avaient habitée ensemble, fut venue la rejoindre comme elle le lui avait formellement promis. Celle-ci manœuvrait avec une adresse consommée, et passée maîtresse en fait de travestissements, déplaçant toujours à propos ses mobiles pénates, déjouait toutes les rubriques de la police. Les deux alliées se tiraient donc assez bien d'affaire, en attendant la catastrophe presque inévitable qui devait décider du sort de Jane.

Ce fut pendant ce court répit de la mauvaise fortune que, passant un beau matin sur le pont Hutcheson, elle vit arriver vers elle, sous un costume simple, mais décent, et qui annonçait une certaine aisance, cette ancienne amie dont elle avait en vain cherché la trace. Mary Loggie, baissant les yeux, passa son chemin. Jane, qui ne la reconnut tout à fait qu'après qu'elle eut passé, s'arrêta et se retourna pour la suivre du regard. Saisie de je ne sais quel remords, l'autre se retournait aussi au même moment. Il n'en fallait pas davantage pour que, revenant sur leurs pas, elles échangeassent une affectueuse poignée de main. Suivirent les récits, les confidences mutuelles. Mary, tout aussi étonnée que Jane de la bizarre rencontre qui l'avait promue au rang des honnêtes femmes, lui raconta comment le hasard l'avait placée sur le chemin d'un brave ouvrier anglais dans des circonstances qui permettaient à celui-ci de la croire une pauvre orpheline réduite à vivre de son travail, — comment elle n'avait pu se résoudre à le tirer de cette favorable erreur, — enfin, l'étranger se montrant peu à peu disposé à lui offrir sa main, comment elle s'était décidée à profiter de son aveugle entraînement, de sa crédule ignorance. Beaucoup d'autres, moins dépravées que l'amie de Jane, n'auraient pas eu plus de franchise. Maintenant elle s'en trouvait punie, non par le remords il est vrai, mais par la crainte continuelle où elle était de voir son passé tout à coup révélé à ce trop confiant époux. N'ayant pu le déterminer à quitter Glasgow, où le retenaient des travaux avantageux, elle sortait le moins possible, et, l'ayant tout exprès déterminé à se loger dans un quartier perdu, elle évitait de se montrer avec lui partout où elle aurait pu rencontrer quelque témoin, quelque complice de sa coupable jeunesse. Il eût été bon de s'en tenir à ces explications très suffisantes, et que Jane acceptait de fort bonne grâce, enviant peut-être le bonheur de son ancienne amie, mais toute disposée à respecter le mystère dont celle-ci s'entourait à bon droit. Mary cependant n'était qu'à moitié satisfaite. Pour qu'elle le fût complètement, il fallait que Jane, déjà éblouie de sa bonne chance, l'eût vue dans cet intérieur conjugal dont elle lui vantait l'élégance et le comfort. L'occasion était favorable, l'heure propice. Pour ce jour-là seulement, Jane y serait admise en l'absence du mari : vanité d'une part, curiosité de l'autre devaient finir par s'entendre. Une fois chez Mary, qui étalait ses nouvelles splendeurs avec une complaisance bavarde, nos deux amies oublièrent facilement à quel danger elles s'étaient exposées de gaîté de cœur. Elles causaient encore lorsque le maître du logis, inopinément revenu, les surprit en tête-à-tête. Jane eut peine à dissimuler son émoi, que le brave charpentier mit sur le compte de la timidité naturelle au jeune âge. Mary, puisant une certaine assurance dans la difficulté même de sa situation, trouva sur-le-champ les mensonges qui devaient expliquer la présence d'une inconnue, — d'une inconnue aux dehors équivoques, — dans le domicile de l'honnête Simmons. Celui-ci, chez qui aucune méfiance n'était en éveil, les accepta tous. Il crut au faux nom qu'on lui donna, et se laissa persuader que sa femme lui présentait une ancienne camarade d'atelier, irréprochable d'ailleurs, mais réduite à chercher des secours. Jane au surplus s'éclipsa presque aussitôt, espérant bien que, grâce à cette prompte disparition, elle ne laisserait d'elle au mari de son amie aucun souvenir bien net.

Cependant quelques jours après, en traversant seul High-street, il la reconnut au bras d'Annette Ryan, et ce ne fut pas sans une grande surprise, car il était difficile de se méprendre sur le compte de ces deux femmes, armées en guerre ce jour-là, et dont les joues fardées, les regards provoquants, les libres allures disaient assez haut ce qu'elles pouvaient être. Jane, poliment abordée par Simmons, n'osa feindre une méconnaissance invraisemblable. Sans prendre garde aux signaux impatiens de sa compagne, Annette Ryan interpella l'inconnu avec une familiarité de mauvais aloi. Celui-ci s'éloigna fort mal édifié, l'esprit en proie aux soupçons. Sa femme ne répondant pas aussi clairement qu'il l'eût voulu à certaines questions par lesquelles il cherchait à s'éclairer, notre homme se promit d'en finir avec les doutes tardifs que cette rencontre venait d'éveiller en lui ; or la vérité n'était que trop facile à savoir. Le premier *policeman* auquel il s'adressa lui donna sur Jane des renseignements précis et circonstanciés qui ne concordaient en rien avec les assertions de Mary Loggie, et par contre jetaient de terribles doutes sur la vie passée de cette dernière. Pour le coup Simmons résolut d'en finir. Il alla chercher Jane et la pria de l'accompagner chez lui. Elle n'osa ou ne voulut pas se refuser à cette espèce de confrontation. Je vous laisse à imaginer la scène qui suivit, lorsque Mary, — croyant que Jane l'avait méchamment trahie et la chargeant d'amers reproches, — en vint par là même aux aveux les plus explicites et les plus irrémédiables, — puis lorsque, se traînant aux pieds de son mari, elle lui demanda grâce et pardon pour l'abus qu'elle avait fait de sa confiance en elle, lui jurant qu'elle mériterait ce pardon par le plus entier dévouement, la plus inviolable fidélité. En parlant ainsi, elle était sincère. La bonté de cet homme l'avait gagnée. Elle l'aimait véritablement. Sans doute il comprit qu'en le lui disant elle ne le trompait plus. Une foule de bons souvenirs militaient en faveur de cette misérable créature, qui depuis son mariage inespéré s'était consacrée tout entière à sa nouvelle mission. Au moment décisif, alors que, chassée par lui, elle allait franchir le seuil de leur humble paradis pour retomber dans la fange d'où il l'avait retirée sans le savoir, les instincts généreux de ce brave homme prirent tout à coup le dessus. Le point d'honneur n'a point pour les gens de sa classe la rigidité qu'on lui voit ailleurs, et ne lui imposait pas absolument le sacrifice du bonheur qu'il avait goûté jusque-là, qu'il pouvait goûter encore. Il se laissa fléchir, sans l'avouer autrement que par un regard jeté sur Jane, qui se hâta de quitter la place. Elle croit, — et je suis tentée de le croire aussi, — que Mary Loggie aura tenu sa parole ; mais elle ne sait à cet égard rien de positif, car depuis lors elle l'a rencontrée à peine une fois ou deux dans les rues de Glasgow, et toujours, en pareille occurrence, baissant la tête et détournant les yeux, Mary se dérobait à grands pas. Le roman de Jane devait être tout différent, et je ne doute pas qu'elle ne soit elle-même étonnée de ce caprice providentiel qui, sans raison apparente, fit à deux êtres du même ordre, chargés des mêmes fautes, flétris par les mêmes vices, une destinée si peu semblable. Pareille surprise entre pour beaucoup dans l'obstiné fatalisme qui est trop souvent l'unique religion des ignorants et le plus terrible dissolvant de la morale à leur usage. Ce même hasard qui avait conduit Simmons chez une pauvre parente à qui Mary Loggie ramenait charitablement, au sortir de l'atelier, une enfant de fabrique victime d'une subite indisposition, ce même hasard, dis-je, amena Jane Cameron dans une espèce de *soirée* que l'élite des voleurs de Glasgow offrait à un de leurs collègues récemment arrivé de Londres, et que sa célébrité recommandait à leur accueil. Pour eux, *Black-Barney* était une sorte de héros légendaire. Ses fréquentes évasions donnaient à ses autres méfaits un relief particulier. On disait merveilles de son adresse, merveilles de sa force, merveilles de son intelligence et même de ses talents littéraires, étrangement surfaits, comme j'ai pu m'en assurer en lisant quelques lettres de ce bandit qui ne mettait pas même l'orthographe. Devant le successeur de Dick Turpin et de Jack Sheppard [4], Jane Cameron arrivait fascinée, et quand, la danse commençant, il s'avisa de la choisir pour *partner*, j'imagine facilement de quel orgueil la combla cette préférence inespérée. Quoique bien jeune encore, Cameron n'avait conservé que quelques vestiges de sa beauté première, et le choix de Black-Barney parut égayer, la jalousie aidant, une partie de l'assistance féminine ; mais il fit face aux railleries, et sa danseuse, un moment déconcertée, déploya, pour le dédommager de l'espèce d'affront qu'elle lui avait valu, tout ce qu'elle possédait de bonne grâce et d'esprit naturel. Or je suis fondée à lui reconnaître mieux que personne ce don de plaire qui se devine sans pouvoir s'expliquer, et dont on subit l'empire sans se douter de ce qui le constitue. Black-Barney n'y demeura pas insensible. Après l'avoir simplement intéressé, la *scotch lassie* lui parut attrayante. Elle dansait à merveille, chantait encore mieux, elle avait fine taille et fine langue, de plus, ce charme spécial qui tient à un vif désir d'être appréciée. Plaire à Black-Barney, quelle fortune et quelle ivresse ! Non qu'il l'eût frappée par ses avantages extérieurs : elle convient elle-même qu'il était de petite taille, qu'une de ses épaules dépassait l'autre, qu'il avait l'œil mauvais, le front bas, la mine farouche ; mais elle ajoute avec candeur qu'elle lui aurait, dès ce premier soir, sacrifié tout au monde. Aussi, quand elle put penser qu'il l'appellerait à partager ses glorieux destins, crut-elle avoir pris ample revanche de Mary Loggie. Elle ne connaissait point, il est vrai, les antécédents de son nouveau maître, mais ils ne pouvaient l'effaroucher à aucun point de vue. — Sans doute il se lassera bientôt de moi, se disait-elle. Il partira sans moi pour Liverpool ou pour Londres, mais il sera temps de s'en affliger quand l'heure de la séparation sera venue… Pour ces natures impétueuses et versatiles, l'émotion présente absorbe tout. Elles ne veulent voir l'avenir que lorsque, se dévoilant tout à coup, il les épouvante de son masque hideux. Au temps où Black-Barney la prit ainsi sous sa protection, et malgré le brillant prestige dont sa prodigalité l'entourait ; ce grand *artiste* n'était point riche. De tous les produits de sa féconde industrie, il ne lui restait guère qu'une seule guinée, et Glasgow, où la police l'avait déjà signalé, lui paraissait offrir d'assez pauvres chances. L'heureux couple s'y maintint cependant, et Jane, par son expérience locale, ne demeura pas étrangère aux succès de Black-Barney, qui s'étudiait à la rendre digne de lui, l'exaltant d'ailleurs par-delà ses mérites et l'étourdissant de louanges excessives ; c'était une tactique à lui pour piquer d'émulation les adeptes dont il avait entrepris l'éducation. Je ne vous redirai naturellement ni ses leçons pratiques, ni les fabuleux exploits dont il se plaisait à bercer l'imagination crédule de sa compagne. Ce sont, pour la plupart, contes à dormir debout, dans lesquels la police joue invariablement le rôle sacrifié. Je leur préfère les souvenirs de Jane elle-même ; ils sont plus authentiques et s'accordent mieux avec la réalité des choses.

« Au mois de mars, raconte-t-elle, nous n'avions plus rien ; mais Barney trouvait toujours du crédit sur sa renommée. Un receleur nous fournit une mise en rapport avec le rôle que nous voulions jouer, et, sans nous en être encore revêtus, nous sortîmes à pied de Glasgow pour nous rendre à la première station du chemin de fer de Carlisle. Cette précaution devait servir à dépister la police et à l'empêcher de signaler notre départ. A Carlisle, où nous étions parfaitement inconnus, nous passâmes vingt-quatre heures, juste le temps de revêtir nos nouveaux dehors et de prendre, pour rentrer à Glasgow, des billets d'*express* qui nous permirent de monter dans un wagon de première classe, un wagon à gens riches. Barney en choisit un où se prélassait seul certain vieux *gentleman* que nous réveillâmes en nous installant près de lui, mais qui prit le parti de se rendormir bien vite, après nous avoir toisés d'un regard assez maussade. Nous le guettions à la dérobée, sans échanger la moindre parole, pas même un regard d'intelligence. Black-Barney feignit bientôt de s'endormir. Il n'entrait pas dans nos plans de rien tenter avant le terme du voyage, pour ne point risquer une découverte et un éclat prématurés. Ce fut seulement après l'arrêt du train — et au moment où le voyageur venait de remettre en poche, après en avoir extrait son billet, un porte-monnaie de bonne apparence, — que les opérations commencèrent. Notre compagnon, doué d'un certain embonpoint, se mouvait avec quelque peine. Barney, placé entre lui et la portière, lui offrit poliment son assistance, et tandis qu'il le soutenait d'une main, de l'autre, en deux temps, il le débarrassa de sa montre et du porte-monnaie en question. Ces deux objets me furent passés avec une rapidité merveilleuse, et Barney promptement descendu s'en alla d'un côté, tandis que je m'éclipsais dans la direction opposée, et que notre honnête victime s'acheminait paisiblement derrière le wagon chargé de ses bagages.

« Rendez-vous était pris dans le domicile commun, où je trouvai Black-Barney fort impatient de me revoir, plus impatient encore de vérifier le butin que je rapportais sans m'être permis d'y jeter le moindre coup d'œil. — Je dois dire qu'il m'accueillit avec une certaine méfiance, — et j'ajouterai que c'était me méconnaître, — comme si j'eusse voulu lui faire tort, à *lui*, de la moindre bagatelle ! »

L'autopsie du porte-monnaie, savamment ajournée par Black-Barney après l'examen de la montre et de ses accessoires, fut pour les deux complices l'occasion d'un éblouissement triomphal. Quatre-vingt-cinq livres en *banknotes*, une centaine environ, y compris l'appoint monnayé, constituaient une prise de premier ordre. Black-Barney en sautait de joie ; Jane au contraire prenait déjà peur et lui suggérait l'idée d'aller sans retard changer les billets, vendre la montre : — Enfant, lui dit Barney quand il eut repris quelque sang-froid, ce n'est pas ici, c'est à Londres que ces précautions doivent être prises ; mais en attendant pas un mot !... Et de fait, cet homme si volontiers bavard, si porté aux fanfaronnades, garda rigoureusement le secret de sa bonne fortune aux habitués du *close* qu'il habitait. Le soir même il solda toutes les menues dettes qu'il avait contractées, et après une nuit passée à combiner l'emploi de leurs futurs loisirs, nos deux associés partirent de grand matin pour Londres, où Jane allait se trouver pour la première fois de sa vie. Les quinze jours qui suivirent sont restés dans ses souvenirs comme un rêve splendide. Vêtue de soie, promenée en voiture, passant ses journées à Richmond, à Greenwich, à Gravesend, ses soirées dans les divers théâtres, elle aspirait pour ainsi dire par tous les pores ce luxe dont elle n'avait jamais cru qu'il lui fût possible d'approcher, et ces jouissances qu'aucun remords ne troublait. A l'heure qu'il est, et malgré le réveil de sa conscience tant de fois stimulée, j'estime qu'il lui est encore impossible de se reporter vers ce temps de délices avec d'autres sentiments que ceux d'une félicité non pareille. J'ai pu m'en assurer mainte fois avec plus de regrets que de surprise.

Un incident burlesque en lui-même, tragique pour ceux dont il abrégeait les « vacances, » rompit brusquement le cours de leur existence élyséenne. Après avoir reconnu que le coûteux séjour de la capitale imprimait une allure trop vive à leurs dépenses quotidiennes, ils étaient allés goûter à Margate les douceurs relativement économiques de la villégiature maritime. Black-Barney, joueur par instinct, ne quittait guère la salle où se tirent ces loteries spéciales qu'on appelle *raffles* [5]. Elles comportent toujours un certain tumulte, des groupes nombreux et remuants. Notre homme s'était dit souvent qu'il y aurait là de bons coups à faire ; mais il s'en abstenait par un scrupule bizarre, ne voulant pas « travailler » avant l'expiration du congé qu'il s'était donné à lui-même. Il ne s'attendait guère qu'un collègue moins délicat, ou n'ayant pas les mêmes raisons de rester inactif, profiterait contre lui de l'occasion qu'il laissait échapper, et ce fut pourtant ce qui arriva. Barney rentra un beau soir dépouillé de son portefeuille. Je vous laisse à deviner l'indignation et la honte du voleur volé, qui se trouvait ainsi tout à coup sans autres ressources qu'un *sovereign* laissé par grand hasard dans les mains de Jane, et hors d'état d'acquitter la note des frais d'hôtellerie. Ce dernier point, à vrai dire, l'inquiétait peu. Après avoir rôdé toute la nuit dans l'hôtel, cherchant une proie qui ne s'offrit point, il sortit le matin, à l'issue du déjeuner, non sans avoir commandé pour le soir un repas comfortable. Jane et lui, vêtus de leurs meilleurs effets et les poches pleines de tout ce qui avait pu s'y loger commodément, gagnèrent ensuite la station, et le soir même ils rentrèrent à Londres, où ils ne se vantèrent pas de leur mésaventure. Barney avait tiré de Jane la promesse solennelle de n'en parler à personne ; on eût vraiment dit que son honneur était en jeu. La vie recommença pour eux dans ses conditions habituelles ; mais Jane, qui sur ce nouveau théâtre ne se montrait pas trop indigne de son professeur, restait cependant en proie à une sorte de nostalgie. Autant qu'elle croyait le pouvoir faire sans risquer d'être abandonnée, elle tourmentait Barney pour le décider à revenir à Glasgow, et lui-même, avec le penchant superstitieux des gens de sa sorte, ne résistait qu'à demi. — Cette ville m'a porté bonheur, répétait-il volontiers, et il finit par se laisser convaincre. On eût dit qu'une fascination vengeresse ramenait Jane irrésistiblement vers le lieu où sa destinée devait s'accomplir.

Le *close* qu'ils allèrent habiter était un des repaires les plus dangereux. On arrivait par un passage voûté dans un vrai labyrinthe de ruelles étroites. Au fond de l'une d'elles, une maison ténébreuse, d'où ne filtraient au dehors aucune lumière et presque jamais aucun bruit. Sur l'escalier des nattes épaisses qui le rendaient muet. Au-dessus des greniers vides, pratiqué avec art dans la carcasse même du toit, un vaste dépôt où disparaissait en un clin d'œil tout objet suspect. Une des fenêtres supérieures, ordinairement ouverte, donnait passage à une perche dont l'extrémité posait sur l'appui d'une baie pratiquée dans le mur opposé. Sur cette perche, quelques haillons s'étalaient en permanence et semblaient guetter au passage un rayon de soleil. En réalité, cette perche, qui affectait un faux air de séchoir, était un pont jeté dans l'espace, en travers d'une petite cour intérieure. C'est par là qu'au besoin, toute autre issue lui faisant défaut, un bandit pris au gîte pouvait s'éclipser en quelques secondes et se trouver dans la maison voisine, elle-même pratiquée de manière à faciliter sa fuite. Barney et sa compagne étaient installés dans une des chambres du haut. Les autres se garnirent peu à peu de leurs affiliés, de leurs complices ordinaires. La maison devint une véritable caverne, sans rien perdre de sa tranquillité habituelle. D'un commun accord, on n'y élevait jamais la voix, on évitait de s'y quereller, toute orgie en était exclue. On n'y buvait que pour affaires, c'est-à-dire pour tenir tête à l'étranger qui s'était fourvoyé là sur les pas de quelque sirène. Des jeunes femmes vouées à cet odieux emploi, Jane était sans contredit la plus experte. Aucune ne s'entendait mieux à simuler l'embarras craintif, la timidité provoquante, la curiosité qui se dérobe avec un secret désir d'être devinée et suivie. Quand un complice aposté lui jetait au passage un reproche et la menaçait de la dénoncer à sa mère, elle savait jouer la frayeur, et ne se laissait rassurer qu'à bonne enseigne. Encore fallait-il éviter les rues fréquentées, les zones lumineuses, chercher au contraire les endroits déserts et les ténèbres propices. La conversation entamée dans High-street se continuait sous le porche voûté de *Tontine-close*, et de là chez Black-Barney nous savons qu'il n'y avait pas loin. Jamais, de son propre aveu, Jane n'avait été si profondément pervertie. Son endurcissement ne laissait place à aucun remords. Encouragée, flattée, secondée par son abject entourage, elle était fière de ses odieux succès, enivrée de l'impunité qu'elle croyait s'être assurée à jamais. Il était temps que le châtiment vînt l'atteindre. Elle perdait terre et commençait à effrayer Black-Barney lui-même, qui, malgré son ascendant sur elle, ne pouvait pas toujours refréner cette nature fougueuse. Voici à peu près dans quels termes elle m'a raconté la catastrophe qui devait la perdre définitivement, et qui, j'espère, l'aura sauvée.

« C'était un soir, il pleuvait. Je m'étais arrêtée, comme pour me mettre à l'abri, sous l'auvent d'une porte. Un étranger vint à passer, m'aperçut et s'approcha. Je remarquai sa démarche légèrement incertaine : au lieu de rester debout devant moi, je le vis s'adosser au mur, symptôme significatif de cette espèce de lassitude qui suit un excès de boisson. A ses propos familiers, je ne répondis pas tout de suite ; il dut me rassurer à plusieurs reprises avant d'obtenir un mot de moi. Bref, tout le manège habituel : les terreurs, les incertitudes, les résistances toujours moindres. Elles reparurent, plus vives, que jamais, quand il fut question de l'accompagner dans une *public house* du voisinage. En revanche, je connaissais de braves gens, tenant discrètement un *shebeen*, et chez lesquels nulle âme vivante ne nous verrait entrer. Il hésita, mais ses idées n'étaient pas bien nettes, et je finis par triompher de sa répugnance. Une fois dans les ruelles du *close*, perdu après quelques pas, il suivit machinalement. Notre escalier obscur, où il buttait à chaque marche, le fit quelque peu maugréer. Bref, il entra dans la chambre où Black-Barney attendait mon retour avec une de nos femmes et un jeune apprenti de seize ans, récemment enrôlé parmi nous. A peine l'étranger avait-il franchi le seuil qu'un vague instinct lui suggéra quelques soupçons. Je me hâtai de commander en son nom deux verres de whiskey, en me portant garant de sa discrétion. Après quelques simagrées du prétendu fraudeur, la liqueur prohibée sortit de sa cachette. Toujours riant et raillant, nous tâchions, ma compagne et moi, de distraire l'attention de notre inconnu, que la physionomie de Black-Barney semblait n'avoir pas favorablement impressionné. Aussi ne le perdait-il pas de vue, et le mélange préalable que devait subir le whiskey pour servir nos projets ne put s'effectuer tout d'abord. Malheureusement pour l'étranger, il s'acclimatait peu à peu, et, se laissant gagner par nos rires, nos chansons, nos joyeuses saillies, il ne s'aperçut pas qu'on remplaçait par un autre verre celui qu'il venait de vider. Lorsqu'il revint à la charge, chacun le suivait des yeux. C'était un homme encore jeune, robuste, dont le soleil des tropiques semblait avoir hâlé le visage ouvert et franc. Il s'arrêta tout à coup, la liqueur à moitié bue. — Que veut dire ceci ?… Vous ne me donnez pas le même whiskey, s'écria-t-il.

— Plaît-il ? repartit aussitôt le faux *land-lord*… La bouteille pourtant n'a pas changé… — Notre homme ne se paya qu'à demi de cette mauvaise raison. L'étourdissement n'était pas complet, et son intelligence fonctionnait encore assez pour lui faire déjà comprendre en quelle mauvaise passe il s'était aventuré. Il se leva, jeta son verre dans le foyer avec une malédiction, contenue et fit mine de sortir ; mais Black-Barney l'avait devancé à la porte, et, cachant un casse-tête derrière son dos, lui fermait résolument le passage. Je connaissais assez sa physionomie pour y lire la détermination d'en finir à tout prix. — Laissez-moi passer, dit l'étranger. — On ne casse pas mes verres pour rien, repartit Barney. — C'est juste… combien vous dois-je ?… Et le malheureux porta la main à sa poche ; précisément alors se manifesta l'effet du narcotique puissant dont il avait absorbé environ la moitié. Son regard trouble, ses gestes égarés signalaient le moment décisif. Barney lui porta un coup violent qui aurait dû l'abattre sur place ;

mais, comme je vous le disais, c'était un homme vigoureux et qui ne s'effrayait pas aisément ; il se retint, sur le point de tomber, en s'accrochant au manteau de la cheminée. — Que suis-je venu faire ici ? s'écria-t-il en même temps, et les poings en avant, la tête basse, il s'élança vers Barney que cette résistance inattendue semblait avoir exaspéré. Si habituée que je fusse à des scènes de ce genre, une sorte de pressentiment me saisit à cet instant, et je sentis une espèce de nuage passer devant moi. J'entendis un second coup, plus fort que le premier, puis le bruit d'une lourde chute. Cette fois l'homme était par terre : le sang ruisselait de sa tête fracassée. Les trois témoins de la lutte demeuraient immobiles et consternés. Barney lui-même, devenu fort pâle, semblait avoir perdu quelque chose de son imperturbable assurance. — Allons ! dit-il enfin,... à quoi êtes-vous bonnes ?... Une éponge, du linge !... Ne voyez-vous pas que ce sang gagne le palier ?... Il faut nous débarrasser de cette charogne... — Il est donc mort ? m'écriai-je dans une invincible anxiété. — Allons donc !... étourdi, tout simplement... Enlevez la bourse !... Mais il avait beau dire, je croyais à un assassinat, et de la tête aux pieds je frissonnais. — Pourquoi ce dernier coup ? lui demandai-je avec l'accent du reproche. — Est-ce qu'on sait pourquoi ? me répondit-il plus brusquement qu'à l'ordinaire... Étanchez ce sang, ou nous sommes perdus... Il fallut bien obéir et descendre ensuite, le corps inanimé que nous voulions transporter hors du *close*. — Son cœur bat encore, nous dit Barney avec l'accent du triomphe au moment. où nous arrivions à la dernière marche du ténébreux escalier. A peine cependant avions-nous fait quelques pas dans la ruelle, qu'un bruit, je ne sais lequel, nous vint effaroucher, et, sans nous donner le mot, nous déposâmes à terre le fardeau sanglant pour rentrer chez nous au plus vite. Le jeune apprenti, pendant notre absence, avait pris la fuite. Ma compagne se désolait : Barney la fit taire en lui remettant une légère part prélevée sur le très modeste contenu de la bourse, qu'il se hâta de jeter au feu après l'avoir vidée. Puis il sortit pour faire le guet, disait-il ; mais il demeura si longtemps dehors que je jugeai bon de descendre aussi, afin de savoir ce qu'il devenait. Impossible de le retrouver, non plus que le corps, enlevé déjà de la place où nous l'avions laissé. Je remontai. Ma compagne, agenouillée, priait en se frappant la poitrine. C'était, — vous l'ai-je dit ? — une catholique. — Que faites-vous là ? lui demandai-je. — J'implore la bonne Vierge, me répondit-elle. Je la prie de faire en sorte qu'on ne nous découvre point... Nous ne songeâmes ni l'une ni l'autre à nous coucher et demeurâmes accroupies auprès du feu, sur lequel nous avions entassé force charbon pour sécher plus vite le plancher récemment lavé. Tout à coup on frappa... Je ne bougeai point, la peur me glaçait. Après un nouvel appel, j'entendis mon nom prononcé à voix basse ; alors je me rapprochai de la porte : c'était une de nos voisines qui rentrait chez elle, — Jane, me dit cette femme, si vous m'en croyez, vous ne resterez pas ici ; la foule est amassée là-bas devant la demeure d'un médecin... J'ai entendu le nom de Black-Barney, et parmi les agents j'ai vu Dick (l'apprenti dont j'ai parlé) qui semblait en bons termes avec eux...

« Si je voulais fuir, en effet il n'était que temps, et j'aurais dû quitter Glasgow sans regarder une seule fois derrière moi : mais je me croyais tenue de prendre les ordres de mon maître. J'allai donc le chercher dans une maison où avait dû le conduire, selon toute probabilité, la nécessité de se dérober aux poursuites. La maîtresse de ce logis, en qui j'avais toute confiance, m'affirma qu'elle ne l'avait point vu de la soirée, et me conseilla fortement de me mettre hors d'atteinte en me réfugiant dans un faubourg (*Pollockshields*) où la police de la ville était tenue en échec par d'anciens privilèges. Encore un conseil qu'il eût fallu écouter ; mais je m'obstinai à vouloir attendre Black-Barney, qui, dans ce moment-là même, ne pensait qu'à se tirer d'affaire. Me croyant en sûreté, du moins pour quelques heures, je me couchai, je me laissai gagner au sommeil... Une voix rude me tira le lendemain de cette espèce de léthargie... J'ouvris les yeux, et je discernai dans la pénombre de la première aube l'uniforme d'un *policeman*... Le reste n'a pas besoin d'être conté. C'est l'histoire quotidienne de mes pareilles. Seulement, le blessé n'étant pas mort, je ne comptais que sur huit ans, et j'en eus quatorze,... un de moins que le nombre des jurés [6]. La sentence, muette à cet égard, me laissait ignorer si je subirais ma peine à Glasgow même, ou à Perth, ou dans les prisons d'Angleterre. Ces dernières, bien qu'on m'en dît merveilles, me faisaient grand'peur. Rester en Ecosse, c'était en quelque sorte rester chez moi. Déjà minée par l'inquiétude, je fis mon possible pour me rendre malade, et je n'y eus vraiment pas grand'peine, car les premiers mois d'emprisonnement solitaire m'avaient exténuée. A l'infirmerie, j'étais presque heureuse ; je l'aurais été tout à fait, si l'on eût pu me rassurer au sujet de Black-Barney... Après tout il était naturel que je lui fusse attachée, car cet homme si violent, si peu maître de lui, jamais ne m'avait frappée, jamais dit un mot plus haut que l'autre. Du reste, on avait beau me soigner et m'exhorter, ces quatorze ans (j'en avais dix-huit) me pesaient sur le cœur, et je me sentais plus révoltée, plus endurcie qu'auparavant. — Jamais tu n'en verras la fin, me disais-je, et alors à quoi bon tous les efforts que te coûterait une réputation à refaire ?... Puis l'ordre de translation arriva, et j'en fus presque bien aise. L'ennui m'avait repris au sortir de l'infirmerie, et tout changement devait être le bienvenu. Pourtant à l'heure du départ le chagrin de quitter Glasgow domina chez moi tout autre sentiment. Et ce me fut une consolation de penser qu'à l'expiration de mes quatorze années la loi voulait qu'on me ramenât au pays. Revoir mon vieux Glasgow a été mon rêve favori depuis cette journée où je le quittais…. peut-être pour n'y jamais rentrer. »

Puis-je me flatter, consultant comme je fais, des souvenirs déjà lointains, d'avoir fidèlement rendu l'accent de ce récit, fait comprendre les variations de cette pensée mobile, de cette conscience vacillante et inégalement éclairée ? Je le voudrais pour ne pas laisser à l'état d'énigme l'intérêt vif que m'inspire Cameron, disons vrai, l'attachement que j'ai pour elle. Il redouble quand je la compare à la plupart de ses compagnes de captivité. Je parle ici des meilleures, de celles à qui on ne peut refuser pitié, lors même qu'elles n'inspirent aucune sympathie, — les Garnett par exemple, cette mère et cette fille condamnées ensemble pour homicide. Évidemment, bien que leur crime ait soulevé un déchaînement d'opinion presque universel, ces deux êtres extraordinairement bornés ne sont coupables que d'une rigidité absurde, aux conséquences de laquelle tout fait penser qu'elles n'avaient point réfléchi : l'une est la femme, l'autre la fille aînée d'un misérable berger, chargé d'une nombreuse famille. Un travail rude, incessant, pouvait seul éloigner de leur cottage la faim, l'horrible faim, toujours au seuil, toujours menaçante. A la mère incombaient tous les soins du ménage, les filles fabriquaient à bas prix de grosses dentelles, et la tâche quotidienne était l'irrémissible condition du repas quotidien. La cadette, enfant de seize ans, maladive et sujette aux fièvres, se vit un jour incapable de terminer sa portion d'ouvrage ; la règle commune lui fut appliquée, elle ne mangea point ce jour-là. Le lendemain, plus faible encore, ses mains tremblantes se refusèrent à tirer l'aiguille ; on lui refusa de même toute nourriture. Le troisième jour, elle succomba. Selon le témoignage fourni aux jurés par celle de ses sœurs qui assistait à son agonie, ses dernières paroles avaient été une invocation naïve au Seigneur Jésus. Donne-moi, lui disait-elle, donne-moi la force de travailler la semaine qui vient !… Ce dernier détail souleva, d'abord dans l'auditoire de la cour d'assises, puis, grâce aux journaux, dans le pays tout entier, une pitié profonde, une horreur au moins aussi marquée. Quel n'a donc pas été mon étonnement en débutant à Brixton, quand on m'a cité les « abominables Garnett » comme des prisonnières modèles ! Elles y sont arrivées dans un tel état de maigreur et d'épuisement, qu'elles faisaient peine à voir. La matrone chargée de les conduire chacune dans un *ward* différent ne surprit ni chez l'une ni chez l'autre le moindre semblant d'émotion. Leur flegme impassible et taciturne ne laissait entrevoir qu'une sorte d'étonnement causé par cette vie nouvelle dont elles n'avaient aucune idée. Elles semblaient particulièrement surprises d'avoir tant à manger, et se soumettaient d'ailleurs à la règle avec une docilité presque reconnaissante. Toutes deux, quand la force leur revint, se mirent à travailler du même zèle, mais sans jamais s'enquérir l'une de l'autre. Stupéfaite de tant d'indifférence, je demandais un jour à la mère si elle ne serait pas bien aise de savoir ce que devenait sa fille. — Oh ! me répondit-elle, je la connais ; elle n'est pas remuante et ne doit pas vous donner de tracas. J'adressai la même question à la jeune Garnett. Elle quitta des yeux le chanvre qu'elle tenait, et me regardant tout étonnée : — J'espère, dit-elle, que ma mère ne se tourmente pas trop… Jamais, que je sache, elles n'ont mérité la moindre punition, pas même une réprimande, mais jamais non plus elles n'ont reparlé l'une de l'autre. La faim, chez elles, a tué l'âme. On ne peut certes leur en vouloir ; mais comment s'y prendre pour leur vouer un autre sentiment que la commisération due à leurs malheurs ?…

Hélas ! au moment où je traçais ce parallèle, la maudite tête de Cameron lui faisait quitter le bon chemin encore une fois. On m'apprend qu'elle est renvoyée de Brixton pour « insolence envers ses supérieures, » et, comme les sentences de cet ordre s'exécutent sans aucun retard, elle partira, si elle n'est déjà partie, pour Millbank, sans que j'aie pu lui parler, la consoler, l'exhorter… A quoi bon du reste ? N'est-elle pas incorrigible bien décidément ? Peu importe ; je ferai en sorte de savoir ce qu'elle devient… Brixton, juillet 1861.

Susan Marsh devait être, elle est en effet la cause de cette rechute inattendue. Les deux *pals*, à mon insu, n'avaient pas cessé de correspondre. Susan, atteinte de ce mal insidieux que la captivité développe peu à peu, et qui, minant sourdement l'organisme, éclate parfois mortel après un certain nombre d'années, Susan, dis-je, s'est crue sérieusement en danger. Elle a sommé Cameron de revenir auprès d'elle. Cameron n'a pas su se refuser à ce vœu funeste ; l'*insigne* qu'elle avait eu tant de peine à gagner, le bien-être relatif d'une prison supérieure, la satisfaction qu'elle semblait éprouver à se sentir à portée de moi, de mes conseils, de ma protection, elle a tout sacrifié aux devoirs de cette amitié suspecte. Une de mes anciennes collègues, amenée ici par quelque mission fortuite, a été chargée de m'en instruire, Cameron s'inquiétant fort « des mensonges qu'on me ferait sur son compte pour m'indisposer contre elle. » Miss P***, de retour à Millbank, n'a point tardé à la trouver sur son chemin, — Eh bien ! lui a demandé. Jane, que dit miss Weston ?… Je suis sûre qu'elle ne veut plus ni me voir, ni me parler, ni s'occuper de moi, n'est-il pas vrai ?

— Vous vous trompez ; elle dit seulement que vous lui avez causé une véritable peine.

— Et c'est tout ?…

— Non, elle ajoute qu'elle espère encore en vous ; elle croit que vous tenterez un nouvel effort, que vous serez mieux en garde contre une tentation nouvelle, en un mot que vous recouvrerez le chemin perdu.

— Vraiment ?… Écrivez-lui donc qu'elle y peut compter… Il me faut huit mois pour regagner tous mes *badges* et retourner à Brixton. Promettez-lui de ma part qu'elle m'y reverra dès les premiers jours du neuvième.

Je l'attends effectivement dans une quinzaine. L'enfant m'a tenu parole.

VII

Brixton, juin 1863.

Enfin, enfin nous touchons au port. Si j'en crois les battements de mon cœur, Jane est sauvée. Deux années d'irréprochable conduite, trois ou quatre occasions qu'elle a saisies de se distinguer par un zèle, un dévouement particulier, une tentative d'incendie, entre autres, qu'elle a su faire avorter au dernier moment, l'ont assez puissamment recommandée pour que l'évêque de R..., prié par moi d'appuyer ses titres à la clémence officielle, ait obtenu sans trop de difficulté une remise du restant de la peine. La sentence d'ailleurs était, on l'a compris, entachée d'une certaine exagération. Cameron va donc d'ici à quelques semaines recouvrer sa liberté. Qu'en fera-t-elle ? Voilà la question. Depuis plusieurs mois, je la prépare à cette grande et redoutable épreuve. Une admirable institution, le *Home* des condamnés libérés [7], pourrait lui offrir un asile immédiat et les recommandations ultérieures sans lesquelles il lui est presque impossible de se créer une position ; mais les administrateurs de cette œuvre, chargés d'une immense responsabilité morale, n'acceptent pas indifféremment tous les individus plus ou moins suspects que nos pénitenciers leur envoient, et malheureusement le passé de Jane, les flétrissures multipliées qui l'ont atteinte et avant et pendant sa captivité, la recommandaient mal à une préférence de ce genre. Elle le comprenait mieux que personne, et après avoir confié ses intérêts à notre surintendante, par qui passent nécessairement toutes les demandes d'admission, je l'ai vue se préoccuper vivement d'un refus possible, disons mieux, d'un refus probable. Peut-être pour la première fois de sa vie elle avait le sentiment complet de sa déchéance et du grave dommage porté par elle-même à ses plus grands intérêts. Appelée, quoiqu'elle ne soit pas dans mon *ward*, à la rencontrer de temps en temps, je ne manquais jamais l'occasion de mettre à profit ce nouveau développement de son être moral.

— C'est étonnant, me dit-elle un jour, vous me donnez les mêmes conseils que Susan. — Eh quoi ! m'écriai-je stupéfaite, Susan Marsh vous écrit encore ?

— M'écrire ? et pourquoi cela ? nous nous voyons chaque jour. Elle est de mes *associées*.

Or je n'ignorais pas seulement que cette fille, dissimulée entre toutes, avait fini par se frayer le chemin de Brixton, mais j'ignorais encore sa promotion toute récente au *badge* n° 1, et surtout (j'y eusse mis bon ordre) son *association* avec Jane. Le mal étant fait, il n'y avait plus qu'à y chercher remède. Pour cela, il fallait en apprécier l'étendue. — Eh bien ! Cameron, repris-je sans sourciller, Marsh vous conseille le *Home* ?

— Oui, répondit-elle, au moins pour les six premiers mois, en attendant qu'elle sorte d'ici.

— Et alors ?...

— Alors elle me propose de mettre en commun ce que nous avons gagné pendant notre séjour ici et à Millbank... Nous monterions un petit magasin... Nous vivrions comme cela très heureuses, A ce qu'elle dit encore... tandis qu'autrement je serai seule dans le monde, et vraiment la perspective n'est pas gaie.

On devine mes objections à ce beau plan de campagne. Je les développai avec une certaine éloquence, et je finis par convaincre Jane du danger que lui feraient courir ses rapports avec une amie indigne d'elle. A aucun prix, ajoutai-je, il ne fallait lui donner prétexte et moyens de la revoir. — Peut-être avez-vous raison, disait Jane ; elle me persuade par moments de ses bonnes intentions, mais parfois aussi je ne trouve en elle que mauvais cœur et pensées méchantes...

Je crois bien qu'à partir de cet entretien ma protégée, comme elle me l'avait promis et comme elle l'affirme, a soigneusement éludé tout engagement formel envers sa dangereuse amie ; mais je ne serai complètement rassurée que quand elles seront définitivement étrangères l'une à l'autre, car Susan est par l'intelligence bien supérieure à sa compagne. Je la sais insinuante, habile, éloquente même dans son genre, et elle a un beau texte à ses pernicieux commentaires : cet isolement qui, plus que toute autre chose au monde, effraie ma pauvre dépaysée. L'espèce d'horreur qu'il inspire à celle-ci se retrouve chez presque toutes nos prisonnières, lorsque pendant plusieurs années de suite, dépouillées de toute initiative, elles ont perdu l'habitude de se régir elles-mêmes, de vouloir, de prévoir, de contrôler, d'organiser. Parties intégrantes et dépendantes d'une énorme machine où elles accomplissent mécaniquement leur évolution quotidienne, elles se trouvent fort empêchées quand toute propulsion extérieure vient à leur faire défaut.

Brixton, août, même année.

Une complication inattendue dans mes affaires de famille m'a forcée de prendre plus tôt que je ne pensais ma quinzaine de congé annuel. J'ignorais d'ailleurs le jour précis où le *warrant* de mise en liberté serait expédié par les bureaux ministériels. Avant de partir cependant je m'étais assurée, d'accord avec la surintendante, que l'une des *female lodging-houses*, fondées par la Société de secours aux prisonniers libérés, serait ouverte à Jane moyennant qu'elle remplît les conditions réglementaires, savoir, d'y arriver en droite ligne au sortir de la prison et de déposer aux mains des directeurs la totalité du petit pécule produit par l'accumulation de ses profits hebdomadaires. Jane, informée de tout, y avait souscrit de grand cœur. Depuis qu'elle se savait admise parmi les *patronées* de cette admirable institution, passant des plus vives inquiétudes à la sécurité la plus absolue, elle se croyait complètement régénérée, complètement à l'abri de toute rechute. Sans partager à cet égard sa confiance exagérée, je ne voyais pas la nécessité de lui ôter une illusion qui pouvait avoir d'heureux effets, illusion qui du reste semblait quelque peu ébranlée, si l'on m'a dit vrai, pendant les dernières journées de son séjour ici. Mon absence inattendue a peut-être compté pour quelque chose dans l'agitation, le trouble extrême qu'on a remarqués en elle aussitôt que le jour de sa sortie lui a été connu et lorsque les préparatifs d'un prochain départ ne lui ont plus laissé le moindre doute à ce sujet. Pendant les trois journées dont je parle, elle ne pouvait plus vaquer à son travail de couture, ni s'appliquer à aucune autre tâche exigeant quelque attention. Elle avait perdu le sommeil et l'appétit. Une espèce de fièvre dévorait. Mon nom sans cesse revenait dans ses discours.

— Il est impossible, disait-elle, que miss Weston me laisse partir ainsi… L'impossible a failli arriver. Je ne suis rentrée à Brixton que la veille du jour où Jane devait être conduite chez ses nouveaux patrons. Il était trop tard pour lui parler, et le lendemain, mon service repris, je ne pouvais guère songer à m'occuper d'elle. Cependant je m'arrangeai, dès que j'entendis dans l'avant-cour rouler la voiture qui venait les prendre, elle et la matrone chargée de l'accompagner, pour avoir affaire chez la surintendante, et me mettre à une de ses croisées donnant sur cette avant-cour. En sortant et en promenant autour d'elle un dernier regard, la pauvre enfant m'aperçut ; je n'oublierai jamais le reconnaissant sourire qui transforma tout à coup sa physionomie inquiète et illumina son visage fatigué par les veilles. Ses deux mains se levèrent de mon côté, puis se rapprochèrent comme si elle remerciait Dieu de m'avoir revue. — Dites à miss Weston que je lui écrirai dès que je serai placée, s'écria-t-elle an se retournant vers sa compagne, et tout exprès assez haut pour que ces paroles arrivassent jusqu'à moi… Puis elle monta dans la voiture, qui s'ébranla aussitôt. Sans cela, je crois qu'au risque de scandaliser l'honnête concierge Lockett, je serais descendue quatre à quatre, tant je me sentais attirée vers cette pauvre créature, livrée avec si peu de chances favorables aux terribles épreuves qui l'attendent encore.

Pendant les huit jours qui suivirent et qu'elle passa dans la *lodginig-house*, — où rien ne rappelle la prison, — elle ne mit pas une fois le pied dehors, bien qu'elle eût la libre disposition d'elle-même, sauf le soir, où elle devait rentrer à heure fixe. — Les rues, disait-elle, lui faisaient peur… Ses nerfs étaient comme ébranlés par le mouvement et le bruit dont elle avait été si longtemps sevrée. L'obligeante sous-directrice à qui je dus ces renseignements me donna aussi le nom de la personne chez laquelle Jane a eu le bonheur d'entrer dès la fin de cette première semaine de liberté. Cette dame se nomme mistress Evans, et paraît avoir agi par esprit de charité chrétienne en venant se pourvoir ainsi dans un établissement que bien des gens suspectent encore. Elle n'a pas voulu, comme cela se voit quelquefois, abuser de la position de Jane pour lui faire accepter des gages inférieurs à la moyenne ordinaire. Enfin, tenant un juste compte des susceptibilités de notre libérée, elle lui a formellement promis de ne révéler ses pénibles antécédents à aucun des autres domestiques de la maison.

Fin de septembre.

Fidèle à sa promesse, Jane m'écrivit dès son entrée chez mistress Evans pour m'annoncer cette bonne nouvelle, dont elle ne me savait pas instruite. Elle ne me demandait pas de l'aller voir, et cette réserve, sur le motif de laquelle je ne pouvais me tromper, hâta ma visite. L'émotion de Jane, qui était venue m'ouvrir la porte, fut pour le moins aussi vive que je pouvais m'y attendre. Elle n'avait osé, disait-elle, espérer que je me dérangerais pour la venir voir si tôt. Puis elle courut prévenir sa maîtresse, et sur la demande expresse de mistress Evans je me présentai chez cette dame, qui me rendit de sa nouvelle acquisition le compte le plus satisfaisant. Jane manifestait, me dit-elle, plus de zèle, plus d'activité qu'aucun des autres domestiques. Les enfants déjà la préféraient à leur *nurse*, et depuis certain jour où elle les avait promenés à la place de celle-ci ne juraient que par la nouvelle venue. La satisfaction au reste était mutuelle. Sauf quelques questions indirectes de ses camarades, qui la gênaient quelque peu, et dont elle s'était tirée jusque-là par des réponses ambiguës, Jane ne voyait que sujets de se réjouir. Les maîtres étaient la bonté même. La règle un peu stricte de la maison lui paraissait douce au prix du régime dont elle avait contracté l'habitude. On exigeait d'elle bien moins de travail qu'à Millbank et à Brixton. Bref, pas une objection pour le présent, pas une crainte pour l'avenir ; de bonnes résolutions désormais inexpugnables, des espérances triomphantes, une confiance illimitée dans l'avenir. Tout cela était trop beau et me fit peur.

J'avais raison de m'alarmer. La seconde lettre de Jane, — je l'ai reçue la semaine dernière, — était tout autre que la précédente. Aucune plainte positive, mais un accent général de tristesse résignée qui me donna fort à penser. J'ai cru qu'il fallait porter quelques secours à cette imagination malade. Jane m'a vue arriver avec moins de surprise, mais avec tout autant de gratitude que la première fois. Elle s'inquiétait surtout de ce que sa maîtresse pensait d'elle ; — Beaucoup de bien, lui ai-je répondu. Elle trouve seulement que vous vous exténuez de travail, et attribue à ceci la tristesse qui rend votre physionomie sombre et maussade…

— Non, m'a répondu Cameron ; le travail au contraire me soulage et me fait du bien. Il m'empêche de penser… Dès que je m'arrête, la réflexion me vient, et je ne sais plus où j'en suis.

— Portez votre pensée sur des sujets qui vous égaient et non sur ceux qui vous troublent.

— J'essaie, mais les autres idées reviennent toujours.

— Lesquelles, par exemple ?

— Eh bien ! je me demande si peu à peu vous ne cesserez pas de vous intéresser à moi… Je songe aux indignités de ma vie,… à ce que je deviendrais si la force me manquait jamais.

— Avez-vous donc quelque sujet de le craindre ?... Vous sentiriez-vous menacée dans votre santé ?

— Il y a là quelque chose, m'a-t-elle répondu en posant sa main sur son cœur,... des battements que je ne puis réprimer... Et si je tombais malade, après l'hôpital que me resterait-il ?... la *work-house*...

— Priez Dieu, Cameron, et il ne vous abandonnera pas.

— Oh ! je prie, je prie de toute ma force, mais sans que cela paraisse me faire grand bien, disait-elle avec découragement.

J'ai fini cependant par la remonter un peu, grâce aux enfants qui sont survenus, et dont le gai babil fait seul arriver quelques pâles sourires aux lèvres de Jane. Elle se loue de sa maîtresse qu'elle aime humblement, de ses camarades avec lesquels elle est en bons termes, bien qu'ils aient, prétend-elle, des façons à eux, et que leur langage soit parfois lettre close pour la pauvre Écossaise ; pourtant elle est triste, et bien évidemment elle s'ennuie. Cette existence close et paisible ne réalise aucun de ses rêves de liberté. — C'est étonnant, me disait-elle, combien cela ressemble aux prisons.

Mistress Evans lui a proposé deux ou trois fois « un jour de sortie, » qui, dans nos usages domestiques, constitue une sorte de droit. Jane a toujours refusé. Elle n'a pris çà et là qu'une heure ou deux de congé pour aller retirer son petit pécule des mains de la *Discharged prisoners aid Society*, et le déposer dans une banque d'épargne où elle porte régulièrement ses économies de chaque mois.

La famille Evans, paraît-il, doit prochainement passer en Amérique. J'ai sondé Cameron sur ce qu'elle comptait faire, si on lui proposait de l'emmener. — J'aimerais assez m'en aller, m'a-t-elle répondu, pourvu que cela ne m'expose pas à certaines rencontres. Je me sentirais d'ailleurs plus en sûreté dans un pays étranger... Mais je ne vous verrais plus ; vous seriez morte pour moi. — Votre santé se trouverait peut-être bien d'un changement de climat. — Peut-être, et si vous saviez combien elle m'inquiète !... Oh ! miss Weston, pour être certaine que la force ne me manquera pas d'ici à dix ans, je ferais marché de tout le temps qui me reste à vivre. Brixton, mai 1864.

Rien ne me faisait prévoir ce qui vient d'arriver. Un billet énigmatique de mistress Evans m'a convoquée aujourd'hui, chez elle ; j'ai dû échanger avec une de mes collègues un tour de sortie, et j'ai couru chez la maîtresse de Jane. Cette malheureuse enfant m'échappe encore. Elle a quitté ce matin l'asile qui l'avait reçue, la respectable maison où sa régénération morale pouvait définitivement s'accomplir. Je le répète, rien ne m'avait préparée à ce triste résultat de tant d'efforts, à la ruine subite des espérances qui me berçaient. Tout au contraire, le prochain départ des Evans me semblait une faveur spéciale de la Providence, un gage de clémence et de réconciliation. Pour bien longtemps, pour toujours peut-être, Jane allait se trouver éloignée de tout ce qui lui rappelait un passé honteux, soustraite aux influences qu'il pouvait exercer sur elle, au contact des êtres pervers qui la revendiquaient comme une des leurs. Nous avions échangé deux ou trois lettres à ce sujet. Dans la première, elle me demandait conseil, bien décidée, disait-elle, à n'agir que selon mes inspirations. Dans la seconde, elle m'affirmait que son parti, très irrévocablement pris, était de suivre à l'étranger ses nouveaux maîtres… Et la voilà partie, la voilà perdue sans doute, sans qu'on puisse encore savoir quelle prise mystérieuse ont eue sur elle les suppôts d'enfer qui l'ont attirée hors du droit sentier !…

Voici à quoi se bornent les renseignements que j'ai pu obtenir. Il y a environ quinze jours, Jane, qui, je l'ai déjà dit, avait toujours refusé de sortir, est venue demander à mistress Evans une journée de liberté, d'autant plus facilement accordée que depuis une huitaine de jours, plus triste, plus concentrée que jamais, elle semblait garder par devers elle le secret de quelque souffrance cachée. Le soir, à l'heure où la famille se couche, elle n'était pas rentrée. Surprise de cette irrégularité peu prévue, mistress Evans laissa tout son monde se mettre au lit et attendit la rentrée de Jane, qui du reste arriva seulement en retard d'une demi-heure. — Quand je l'entendis frapper, me racontait mistress Evans, je ne pus m'empêcher de tressaillir et de remercier Dieu. — Cameron semblait confuse, mais dissimulait son trouble sous un sang-froid de commande. Aux justes observations de sa maîtresse sur le dérangement qu'elle avait causé, les inquiétudes qu'on avait pu concevoir à son sujet, elle ne répondait pas un mot, les yeux obstinément baissés vers le tapis que ses pieds foulaient. Questionnée directement sur ce qui l'avait retenue, elle ne trouva aucune réponse satisfaisante. — J'avais perdu mon chemin, finit-elle par dire avec une certaine hésitation, et comme assurée d'avance que ce ridicule prétexte ne serait pas accepté. Mistress Evans en effet n'y vit qu'un mensonge maladroit, et, sans dissimuler à Jane qu'il ébranlait sa confiance en elle, la laissa partir avec un avis formel de ne pas retomber dans la même faute. Le lendemain, les autres serviteurs de la maison s'étant permis quelques conjectures et quelques questions sur l'emploi que leur compagne avait dû faire de cette sortie si exceptionnelle et si prolongée, celle-ci, pour la première fois, se départit de ses allures graves et paisibles. Il y eut entre elle et ses camarades une espèce d'altercation ; mais aussitôt après Cameron redevint plus sérieuse, plus renfermée que jamais en elle-même. Son service était tout aussi exact que par le passé, son zèle ne se ressentait en rien des préoccupations auxquelles on pouvait la supposer en proie. Cependant elle se trouva indisposée et dut garder le lit pendant deux jours. Quand elle se remit, on s'aperçut qu'elle était hantée par la peur de l'hôpital et des *work-houses*. Elle ne s'en expliquait pas formellement, mais certains mots de temps à autre décelaient cette préoccupation. Elle laissait de même entrevoir quelque dégoût du travail servile, auquel elle opposait les agréments d'un métier libre, laissant à celui qui l'exerce une certaine indépendance personnelle dont elle semblait avide. Les rues aussi lui déplaisaient moins qu'autrefois, et sans une affectation trop marquée elle trouvait assez fréquemment un prétexte qui l'appelât au dehors, — une petite emplette, un message dont elle se chargeait spontanément. — Je vins avant-hier la voir et la trouvai sortie, sans m'en étonner autrement. Au retour, elle parut désolée de ce contre-temps, plus désolée que ne le méritait un incident d'aussi petite importance. — C'est un sort, un véritable sort, répéta-t-elle à plusieurs reprises. — Mistress Evans, ménagère très scrupuleuse, la manda peu après, et lui demanda compte un peu sévèrement du temps qu'elle avait passé dehors. Jane ne put fournir aucune explication plausible sur l'emploi de deux grandes heures consacrées à une commission qui devait prendre tout au plus vingt minutes. — Peut-être avez-vous rencontré miss Weston ? lui demanda sa maîtresse.

— Non, répondit Jane, je n'ai rencontré personne.

— Où êtes-vous donc allée ?

— Nulle part.

— Auriez-vous par hasard trouvé sur votre chemin quelque ancien ami, quelque connaissance d'autrefois ? — Jane ne répondit pas immédiatement, et s'y reprit à deux fois pour articuler avec l'accent d'une sorte de défi : — Non, madame,... et si madame n'a plus confiance... — Ici mistress Evans lui coupa la parole. — Avant d'aller plus loin, lui dit-elle, prenez le temps d'y songer... Vous n'êtes pas à vous-même dans ce moment-ci... Vous pouvez vous retirer. Nous nous expliquerons une autre fois... Ce matin, sans qu'aucun nouvel incident soit survenu depuis lors, Cameron, levée avant tout le monde, s'est mystérieusement évadée. Son lit n'avait pas été défait, sa bougie était consumée aux trois quarts. Sa malle fermée, mais que son poids indique comme étant à peu près pleine, occupait la place ordinaire. Le plus étrange, c'est que Jane, fidèle à sa routine quotidienne, n'a pas négligé, avant son départ, d'allumer le feu de la cuisine et de mettre l'eau chauffer. C'était un service qu'elle rendait chaque jour à la cuisinière, personne peu matinale. On s'est aperçu qu'elle a revêtu, l'un par-dessus l'autre, son costume de tous les jours et celui qu'elle met pour sortir. Le premier émoi, fut grand lorsque cette disparition devint chose avérée. Les maîtres de la maison crurent d'abord à quelque vol, et ce soupçon leur était certainement permis ; mais une exacte perquisition n'a rien fait découvrir de semblable. Dans le salon, dont elle avait réparé en toute hâte le désordre matinal, Jane a laissé une lettre pour sa maîtresse. Ce sont quelques lignes incohérentes, évidemment tracées sous l'empire d'une obsession morale bien caractérisée. Jane tantôt fait appel à des griefs imaginaires, tantôt s'humilie et s'excuse sur quelque invincible fatalité. Elle parle d'une carrière nouvelle qui lui est ouverte, et de l'insupportable ennui que lui inspirait le service, ennui qu'elle n'a jamais osé manifester. Elle espère qu'on lui pardonnera ce coup de tête insensé, et appelle la bénédiction de Dieu sur ses maîtres et leurs enfants, évitant du reste avec un soin très marqué de donner la moindre indication qui puisse servir à faire retrouver ses traces.

Précaution à coup sûr bien inutile. Qui songe à courir après cette ingrate et folle créature ?... Folle, ingrate, est-ce bien cela ? Je crois connaître Cameron mieux que personne, et je retrouve dans sa fuite inopinée ces impérieux instincts qui tant de fois, en prison, déconcertaient mes espérances et mes calculs. Après une longue suite d'efforts méritoires et de sacrifices à la règle, un indicible ennui, une révolte soudaine, le réveil subit d'une nature indomptable. Ici je soupçonne quelque chose de plus. — N'a-t-on pas vu récemment, demandai-je à mistress Evans, quelqu'un rôder aux abords de votre maison ? La personne dont je m'enquiers ne serait-elle pas une jeune femme de petite taille, blonde, blanche et rose, simplement mise peut-être, mais avec une habile coquetterie, reconnaissable à ses lèvres minces et à son regard volontiers oblique ?... — Mistress Evans a paru surprise de ma question, mais, comme je le pensais bien, n'a pu y répondre. Elle suppose seulement que Cameron doit avoir rencontré quelque ancienne compagne de captivité. C'est ainsi qu'elle s'explique maintenant et la journée de liberté que Jane a tout à coup sollicitée, et les fréquentes sorties qu'elle s'est ménagées dans ces derniers jours. Néanmoins, lui ai-je dit à la fin de notre conférence, si Jane reparaissait maintenant, et si elle pouvait nous expliquer par des motifs avouables une démarche dont elle aurait honte et regret, vous serait-il possible de lui rendre votre confiance ? — Je crains que non, m'a-t-elle répondu franchement. — Songez, ai-je repris, que vous allez partir, et que l'épreuve nouvelle serait tentée dans des conditions tout autrement favorables. Vous ne savez pas encore à quelle tentation cette pauvre égarée a pu céder. — Si elle revenait ce soir, a repris mistress Evans, peut-être obtiendrais-je de mon mari quelque retour d'indulgence. Plus tard il serait inutile d'y songer. — Au moins, ajoutai-je, accordez-moi comme dernière faveur de ne rien laisser percer, d'ici à huit jours, sur les déplorables antécédents de cette malheureuse fille. — Pour cela, m'a-t-elle dit, je vous le promets formellement.

C'est ainsi que nous nous sommes quittées. Il me semble, sous l'apparente inflexibilité de cette charitable femme discerner un reste de sympathie pour la pauvre fugitive. Et si je retrouvais Cameron avant que le temps n'ait détruit ce germe précieux ;... mais quel intérêt puis-je prendre encore à cet ingrat labeur, sans cesse recommencé, sans cesse annulé ? Je vous souhaiterais ici, Henry Gillespie, afin de vous initier à toutes mes pensées, et je demanderais à votre rare perspicacité de démêler, dans les mobiles qui me poussent, ceux qui sont de Dieu, ceux qui appartiennent à l'humaine faiblesse.

Brixton, 28 mai 1864.

Je présumais bien que Jane, même en échappant à ma direction, en méconnaissant mes conseils, ne me laisserait pas livrée sur ce qui vient de se passer à des conjectures qui ne pouvaient être en sa faveur, à des interprétations nécessairement fâcheuses et qui devaient lui aliéner mon affection. Voici sa confession, son apologie, si l'on veut, qui m'arrive par la poste, et que je vais reproduire sans les incorrections d'orthographe et de langage qui lui ôteraient, pour un lecteur indifférent, son cachet d'émotion sérieuse et contenue. C'est à mes yeux l'inventaire d'une âme humaine, le procès verbal d'un conflit solennel entre les deux puissances hostiles qui se la disputent. Voilà ce que la vulgarité de quelques détails ne doit pas faire perdre de vue.

CONFESSION DE JANE.

« Croyez-moi, miss Weston, je ne vous ai pas trompée. Je suis sûre que vous pensez le contraire, et cela n'est point. Dans les premiers temps de mon entrée en condition, je vous ai dit que j'étais heureuse ; je l'étais effectivement. L'ennui est venu, je vous l'ai dit de même. Vous m'avez consolée, vous m'avez promis que la prière me délivrerait de la tentation. J'ai prié, je n'ai trouvé là aucun soulagement, vous l'ai-je caché ?… C'est alors que la tentation est venue, plus forte que jamais. J'allais faire une commission dans le voisinage, et je marchais fort vite quand je me suis sentie retenue par les franges de mon châle… Vous devinez peut-être déjà : c'était Susan Marsh, qui me guettait depuis deux jours. J'ai senti le rouge me monter au visage ; mais quand elle m'eut questionné, je répondis. Puis je la questionnai à mon tour. Elle me parla, comme autrefois, de travailler en commun. Au sortir de Brixton, elle s'était établie comme couturière. L'ouvrage abondait, elle en avait pour deux, et me proposa de nous associer. Elle portait une robe de soie, une capote de taffetas, et m'assura qu'elle gagnait bien plus que moi. Je refusai pourtant de l'aller joindre, et quand elle parla de nous revoir, je la priai de ne plus me venir chercher ainsi, mon parti étant pris de me tenir tranquille. Elle se formalisa de ma réponse, et nous

nous quittâmes presque fâchées. — Dès la semaine suivante, une lettre m'arriva. Je reconnus sur l'adresse l'écriture de Susan et ne voulus pas ouvrir l'enveloppe. Toute la journée, je tins bon. Le soir, seule dans ma chambre, la curiosité devint plus forte que toutes mes résolutions… Mon ancienne *pal* me proposait de passer une journée ensemble, et demandait une réponse. Je ne me décidai que le quatrième jour, après avoir tâché de n'y plus penser, à solliciter un congé. Je sais que je n'aurais pas dû faire une pareille démarche sans prendre conseil de vous, et ne point cacher à ma maîtresse le nom de la personne qui m'écrivait ; mais j'espérais toujours être assez forte à moi toute seule. En attendant, la tête me tournait, et le travail, ce travail monotone qui me rebutait de plus en plus, m'exaspérait au lieu de me calmer. Je me donnais des raisons. Pourquoi Susan m'aurait-elle trompée en me parlant de son retour au bien ? Avant de partir pour l'Amérique, ne m'était-il pas permis de prendre quelques moments pour me distraire et jeter un dernier coup d'œil sur ce Londres que je connais si peu ? Que dire encore ? Je cédai. Susan, prévenue du jour où j'avais congé, vint m'attendre à l'embarcadère des bateaux à vapeur. Nous allâmes ensemble à Greenwich. J'étais d'abord inquiète. La tenue décente, le langage de ma compagne me rassurèrent peu à peu. Je me sentis bientôt très heureuse. Susan me vanta son existence indépendante, et, comme je me plaignais de ma santé, en attribua le dérangement à un travail qui excédait mes forces. Que ne me dit-elle pas sur le climat d'Amérique, et la folie de quitter l'Angleterre, où maintenant, *avec les garanties que j'offrais*, je ne pouvais manquer de trouver les meilleures places ! Cependant rien chez elle ne m'avait contrariée, jusqu'au moment où je la vis, à bord du bateau qui nous ramenait, lier conversation avec quelques jeunes passagers qui, nous voyant seules, s'étaient permis de nous adresser une ou deux plaisanteries. Ce premier mécontentement ne dura guère. On me fit honte de mes airs boudeurs. Je n'osai refuser une ou deux santés qui furent portées à la ronde. Il suffit de quelques doigts de whiskey, — de cette boisson familière à laquelle je me croyais faite, — pour jeter le trouble dans mes idées, et dès que je m'en aperçus, une véritable, une sincère frayeur s'empara de moi. A partir de ce moment, je refusai tout, je ne répondis plus à aucune avance, et dès que le bateau eut touché terre, je m'éloignai en courant, sans rien dire à Susan, que je laissai folâtrant avec ses nouveaux amis. Mistress Evans a dû vous dire à quel point j'étais décontenancée, humiliée quand je me retrouvai devant elle, et quand je pus craindre qu'elle ne devinât, au moins en partie, ce qui venait de se passer. Un moment je fus sur le point de lui tout dire. La moindre parole indulgente m'aurait rendu la dissimulation impossible. Elle me renvoya sèchement, dès que mes réponses lui parurent manquer de franchise, et je me considérai comme perdue.

« D'autres se fussent peut-être relevées. Pour moi, le fardeau alla s'aggravant toujours. Je n'avais plus confiance en moi. Il me semblait impossible de trouver un peu de bonheur dans la vie régulière et paisible où, après tant d'efforts, la fatigue, le découragement, m'étaient venus chercher. — Je ne suis pas de celles qui se réforment et s'améliorent, me répétais-je sans cesse. Tout est contre moi, je lutterais vainement. Ma maîtresse est lasse de moi. Je suis lasse du travail qu'elle m'impose. On n'attend probablement qu'une occasion pour me renvoyer ; on se méfie de moi. Je n'ai plus de bonheur à espérer ici-bas… Ces idées me harassaient tellement que je tombai malade. On fit venir le médecin, on me soigna ;… mais pendant ces deux jours passés au lit l'horrible perspective de l'hôpital et de la *work-house* n'avait pas cessé de se dresser devant moi. Une fois relevée, je me remis à l'ouvrage, machinalement, sans y prendre le moindre intérêt. Les rues, au contraire, me tentaient comme autrefois. Je m'ingéniais à trouver chaque jour quelque prétexte pour y descendre. Au fond, je désirais revoir Susan Marsh. Comme les choses sont, je vous les dis, vous le voyez, miss Weston. Nous nous rencontrâmes encore. Nous causâmes longtemps, si longtemps que j'avais peur de rentrer, craignant les reproches. Elle se moquait de mes anxiétés. — Comme je m'échapperais à votre place ! finit-elle par me dire. — Ainsi ferai-je peut-être… A peine ces mots me furent-ils échappés qu'elle insista de nouveau pour m'avoir avec elle : — J'aurais du travail à foison, je gagnerais ce que je voudrais. — Tout cela m'arracha une sorte de demi-promesse.

« Quand je rentrai, j'appris que vous étiez venue me demander pendant ma trop longue absence. Ceci me causa un vif remords. Mistress Evans me gronda sévèrement. Le remords s'effaça et fit place à une colère sourde. Je remontai chez moi, je m'assis au bord de mon lit. La tête dans mes mains, je me mis à délibérer. Délibérer, à quoi bon ? Mon parti était déjà pris. Je ne me dissimulais certes pas qu'on ne voudrait jamais attribuer ma fuite à des motifs avouables, et je ne me flattais pas davantage qu'on m'épargnât le blâme. Personne ne croirait que j'eusse voulu simplement changer de séjour et de travail… Je m'affirmais cependant à moi-même, avec une obstination désespérée, que je n'avais aucun autre motif de fuite. Et pour avoir le droit de me reprocher une pareille résolution, personne ne s'intéressait assez vivement à moi. Je récapitulais tout ce que j'avais de griefs, valables ou non, contre le monde en général, et contre chacun en particulier. En quoi pouvait m'importer la bonne opinion des gens qui refuseraient de me croire ? Même ma maîtresse, même miss Weston, si elles me jugent si mal, si elles me condamnent d'avance, pourquoi m'inquiéter d'elles ? Et si leurs prévisions se réalisent, si je me perds, après tout qui s'en préoccupera, qui s'en étonnera ? Une pauvre créature ignorante et fragile comme je suis n'accomplit-elle pas sa destinée en se laissant accabler par un sort contraire ? Restait une question à vider. M'en irais-je au grand jour, tête levée, en donnant à mistress Evans l'avertissement requis ? Alors, pendant tout un mois, il me faudrait subir le triste reproche de ses regards austères, et cette pensée me glaçait. Et vous d'ailleurs, vous, miss Weston, n'accourriez-vous pas pour me retenir au bord de l'abîme où je courais tête baissée ? Que répondrais-je à vos objections ? Comment résister à vos instances ? Par quel raisonnement vous faire accepter ma résolution d'aller vivre auprès de cette Susan que vous connaissez aussi bien que moi ? Donc il fallait d'abord se mettre hors de portée, puis s'expliquer par écrit. Je voulais écrire deux lettres, une pour mistress Evans, une pour vous. La première me coûta tant de travail et je la recommençai si souvent que je dus renoncer à la seconde. D'ailleurs je ne savais que vous dire. Avec vous, je ne sais pas mentir. Vous m'auriez demandé : — A quoi songez-vous, malheureuse ? — Je n'aurais eu que ceci à vous répondre : — Je songe à changer. Changer le bien pour le mal, des amis sûrs pour des amis perfides, le beau temps pour l'orage, soit ! mais changer cependant, car un invincible besoin m'y pousse.

« Ma lettre était terminée, la bougie s'éteignait, l'aube allait naître. Je me hâtai de passer ma robe des dimanches sur mon vêtement quotidien. Je mis mon chapeau, mon châle, et ces apprêts terminés j'eus la malheureuse idée de jeter un coup d'œil sur mon miroir. J'étais si pâle et si défaite que vous auriez eu pitié de moi. Je m'agenouillai pour prier, mais au premier mot je m'arrêtai court. Il me sembla qu'une prière à pareil moment devait me porter malheur. L'instant d'après, je descendis sur la pointe des pieds. Sans que je puisse m'expliquer pourquoi, je voulus, une fois en bas, allumer le feu, mettre l'eau à chauffer, et je lis tout cela, — par habitude très probablement, — sans quitter mon chapeau et mon châle. De même dans le salon, où j'entrai pour déposer ma lettre à mistress Evans sur le guéridon qui lui servait le plus habituellement, je rangeai quelques meubles éparpillés depuis la veille au soir. Enfin je gagnai la porte de la rue, que j'ouvris sans bruit. Je franchis rapidement le perron, et, toute frémissante, je levai les yeux vers la croisée de la chambre à coucher où mes maîtres dormaient encore, m'attendant à voir derrière la vitre leurs visages irrités… Dès mes premiers pas sur la chaussée, j'aperçus, causant familièrement avec un agent de police, un des fournisseurs de la maison, le *milkman* matinal qui pouvait et devait me reconnaître, si de son côté il me voyait. Je détournai rapidement la tête et me dérobai le plus vite possible. Une voleuse n'aurait pas eu d'autres allures. Presque aussitôt mes battements de cœur me prirent. Je me sentis sur le point de me trouver mal. Une horloge sonna six heures, j'en comptai sept par erreur, et, toute surprise qu'il fût si tard, je me réfugiai dans une *public house* qui venait de s'ouvrir. Un verre de whiskey me remit, et, dissimulant sous les plis de mon châle mes mains noircies par le charbon, je poursuivis ma route dans la direction de Leicester-square. Les rues du West-End ne m'étaient nullement familières ; je ne les avais guère hantées, du temps de Black-Barney, que le soir en allant aux théâtres. Il me fallut donc recourir à un *policeman* pour qu'il m'indiquât celle où Susan Marsh m'avait donné rendez-vous. Cet homme, avant de me répondre, jeta sur moi un regard surpris, et, comme ses explications me semblaient confuses, il héla un gamin, qui me servit de guide à travers un dédale de venelles étroites et noires. — C'est là, me dit-il enfin devant une maison délabrée dont l'aspect repoussant me remit en mémoire les *closes* de Glasgow. — La porte n'étant pas ouverte, je me hâtai d'y frapper. Je ne voulais plus réfléchir, sans cela je ne serais jamais entrée. Une femme vint m'ouvrir dans tout le désordre d'une ménagère chargée de besogne. Elle parut fort mécontente que je n'eusse pas *frappé pour Susan Marsh*, puisque c'était à celle-ci que j'en voulais. Pour un peu, elle m'eût refermé la porte au nez. Cependant elle m'indiqua l'escalier qu'il fallait gravir et l'étage où logeait Susan. Je reconnus ces murs salpêtrés, ces hautes marches, ces vis étroites dont j'avais gardé un souvenir lointain. Je reconnus aussi le tumulte des habitations mal hantées : les portes poussées à grand bruit, la plainte criarde des enfants, la malédiction brutale qui leur répond ; tout enfin, jusqu'à l'odeur fétide qui me rappelait les fiévreuses émanations de *New-Vennel*, me reportait aux matinées de ma triste jeunesse. Sur le palier où je m'arrêtai, deux hommes s'entretenaient à demi-voix, et je ne pouvais guère me méprendre sur leur compte. L'un d'eux à qui je m'informai de la chambre de mistress Marsh me répondit, se tournant à peine : — C'est justement ici,… mais elle ne doit pas être encore éveillée… Je l'ai vue rentrer hier un peu dans les vignes… Et, frappant un vigoureux coup de talon sur une porte fermée derrière lui : — Mistress Marsh ! cria-t-il à tue-tête… mistress Marsh, une *lady* ! — Entrez donc, imbécile, et sans faire tant de tapage, répondit la voix de Susan…

« Cinq minutes venaient de faire écrouler tout l'échafaudage de mes illusions volontaires. N'allez pas croire pourtant que ma surprise fût très grande. Susan, je m'en aperçus bien alors, ne m'avait trompée qu'à moitié, grâce à ma complicité secrète, que je n'avais jamais eu la bonne foi de m'avouer franchement. Je m'étais méfiée de ses paroles dorées ; je ne croyais guère à ce prétendu travail si abondant, si bien payé. Quoi d'étonnant à ce qu'elle eût menti ? Était-ce la première tromperie dont elle m'eût rendue victime ? N'importe, le cœur me manqua devant ces tristes réalités. A côté de Susan, sur le même grabat, dormait une autre jeune femme, qu'elle éveilla d'un coup de coude quand elle m'eut reconnue et remerciée de lui avoir tenu parole. — Polly, lui criait-elle aux oreilles, c'est celle dont je t'ai parlé, tu sais, mon ancienne camarade ?… Polly, engourdie, hébétée par le sommeil, me contemplait avec des yeux ébahis ; en effet, à peine entrée, je m'étais laissé tomber sur une chaise où, la tête dans mes mains, je pleurais à chaudes larmes. Pouvais-je moins faire en comparant ce que je venais de quitter et ce qui devait désormais m'en tenir lieu ? Susan, elle, me comprenait de reste. Elle sauta hors de son lit, passa rapidement les vêtements indispensables, et sans chercher d'autre consolation me prépara une tasse de thé dans laquelle, comme par méprise, elle vida le tiers d'un flacon de rhum. — Allons, allons, me dit-elle, avalez-moi ceci !... Rien de meilleur contre la migraine, et c'est la migraine que vous avez.

— Oui, c'est la migraine, répétai-je après elle, honteuse de ma faiblesse. Un quart d'heure après, mes regrets et mes remords me semblèrent puérils ; puis, comme ma nuit blanche m'avait fatiguée, je m'étendis sur le lit encore tiède que venait de quitter Polly, et j'y dormis tout d'une traite jusqu'à trois heures. Le feu était allumé, le dîner se préparait. Nous convînmes de nos arrangements provisoires. — Avez-vous du travail ? demandai-je à Susan, non sans balbutier un peu.

— Eh quoi ! me dit-elle, vous avez donné là-dedans ? Il y a beau temps que j'ai planté là l'ouvrage... Nous n'allons guère ensemble, la couture et moi.

— Comment alors gagnez-vous de quoi vivre ?

— Belle question !... N'avais-je pas un métier ? me répondit-elle avec son insouciance accoutumée. Je ne répondis rien, car en vérité je me doutais déjà de ce qu'elle venait de m'apprendre. L'avenir se dessinait devant moi aussi nettement que possible. Je remettais le pied sur les mauvais chemins, et les mauvais chemins mènent tous au même but. Lorsque j'aurais dépensé la petite somme que j'avais sur moi, puis celle que me gardait la caisse d'épargne, il faudrait inévitablement recourir, moi aussi, à mon ancien métier, comme autrefois mentir, ruser, dérober, comme autrefois vivre dans la crainte, et noyer la crainte dans l'ivresse jusqu'au moment où sur mon épaule je sentirais s'abattre la main d'un *policeman*. Tout cela était écrit devant moi comme sur le livre même de la destinée. Le frisson me prit. — Que ne me parliez-vous plus franchement ? m'écriai-je tout à coup avec l'accent du reproche.

— Avec cela, repartit Susan, que j'avais affaire à une novice ! Ce mot, d'une vérité implacable, me ferma la bouche. Elle a raison, me disais-je, de quel droit afficherais-je ces scrupules après coup ? Pourtant, et malgré leurs vives instances, je refusai de sortir avec mes deux compagnes qui s'étaient attifées et fardées avant même de se mettre à table. — Vous allez vous ennuyer, m'objectait Susan, il faut prendre l'air... D'ailleurs, ajouta-t-elle, la paresse ne convient qu'aux rentiers... A propos, ne m'avez-vous pas dit que vous aviez quelque part un petit magot ?

— J'ai de quoi défrayer ici ma part de dépense, répondis-je un peu blessée... Plus tard nous aviserons...

— C'est cela, Cameron, nous verrons plus tard. Là-dessus elles me laissèrent ; et quand je me vis seule je fermai les yeux... pour mieux penser à vous, miss Weston.

« Le lendemain, le surlendemain encore se passèrent ainsi ; chaque soir, on me pressait de « faire un tour. » Comprenant bien où on voulait me conduire, je refusais ; Susan tantôt se raillait de moi, tantôt se fâchait, tantôt me comblait d'amitiés insidieuses. Immobile et passive, je n'opposais la plupart du temps que le silence à tous ces discours dont on harcelait ma patience. Je restais pourtant, et rien, si j'avais voulu, ne m'eût empêchée de m'en aller ; mais, une fois hors de cette chambre, où chercherais-je un asile ? Séparée de Marsh, à quel visage humain pourrais-je adresser un regard ami ? Je m'obstinais donc et demeurais pendant des journées entières, inerte et somnolente à l'angle de ce misérable foyer, me refusant à penser, ne bougeant qu'à la dernière extrémité, courbée sous le décret du sort, attendant que la nécessité me fît entendre sa voix impérieuse. Plongée dans le mal comme dans une sorte de torrent bourbeux, je lui tenais tête, et j'employais tout ce qui me restait de force à reculer l'instant où toute résistance deviendrait évidemment inutile.

« Voici sept journées que je lutte ainsi, sans aucun espoir. Il faut pourtant que vous sachiez ce qui en est. C'est ce qui m'a fait employer la soirée d'hier et celle d'aujourd'hui à tracer pour vous le récit exact de ce qui s'est passé depuis ma sortie de chez les Evans. Mon porte-monnaie est à peu près vide. Susan me rudoie plus que jamais, et si elle n'avait ouï parler de ce dépôt à la *Saving-bank*, j'imagine qu'elle et Polly m'auraient déjà mise à la porte. Le jour elles se contiennent encore assez, mais le soir, vers minuit, quand elles rentrent à grand bruit, l'œil allumé, la joue pourpre, la voix enrouée, la langue épaisse, elles ne m'épargnent guère le sarcasme et l'insulte. Encore une fois, rien ne m'empêcherait de les quitter ;

mais je me sens retenue auprès d'elles par une chaîne invisible. Avant d'avoir causé avec vous de ces sortes de choses, avant que vous m'eussiez guérie de ces folles idées, j'aurais cru à quelque sort jeté sur moi… Miss Weston, vous savez tout. Je suis sûre qu'au fond vous avez pitié de votre pauvre prisonnière. Si elle ose vous écrire, c'est qu'elle n'a pas encore tout à fait succombé. Vos chastes mains pourront sans se souiller ouvrir cette lettre… Demain peut-être, dans quelques jours à coup sûr, je ne me sentirai plus autorisée à vous occuper de moi, même pour vous demander pardon… »

Faut-il maintenant, oui ou non, envoyer ces pages à mistress Evans ? Comprendra-t-elle comme moi la franchise de ces aveux ? Comment l'affectera la torpeur résignée avec laquelle Jane accepte d'avance l'inévitable rechute vers laquelle son passé la conduit pas à pas ? J'hésite, je réfléchis, je crains de faire fausse route. Où êtes-vous, Henry Gillespie ?

IX

Brixton, 1er juin.

Si on tenait compte de l'importance que le hasard peut donner à nos moindres démarches, tout au plus oserait-on se mouvoir. Avant-hier était mon jour de sortie ; je ne sais quel futile incident me retint ici. Je cédai ma permission à l'une de mes collègues qui voulut bien hier prendre mon tour de service. A ces menus arrangements, réglés selon nos convenances mutuelles, croirait-on que le sort de Jane était attaché ? Hier donc, peu après quatre heures, je sortis de Brixton avec une autre matrone. Nous causions avec assez d'animation pour ne guère prendre garde aux rares piétons qui hantent les environs déserts du pénitencier ; mais ma compagne est assez timide, et il a couru récemment parmi nous des rumeurs passablement ambiguës sur une femme qu'on a vu errer avec des desseins ignorés, mais suspects, dans les rues adjacentes à la prison. Les alarmistes prétendent que c'était une de nos libérées qui venait mettre à exécution quelqu'un de ces plans de vengeance dont les *convicts* menacent chaque jour l'une ou l'autre de leurs surveillantes. Miss T*** donc me poussa du coude et me prévint que nous étions suivies. Je tournai la tête du côté qu'elle indiquait et n'aperçus âme qui vive ; aussi la plaisantai-je sur ses terreurs chimériques, dont je riais encore à part moi quand nous nous séparâmes, elle pour continuer sa route, moi pour entrer dans une pharmacie où j'avais une commission à remplir de la part de la surintendante. En sortant, je vis sur le trottoir en face, debout et adossée à la muraille, une femme voilée. Peut-être ne l'aurais-je pas reconnue, mais elle fit brusquement un pas vers moi et s'arrêta aussitôt après… C'était Cameron.

Dirai-je que mon premier mouvement fut de m'éloigner sans avoir l'air de la savoir là ? Il faut bien l'avouer, puisque cela est. Ma rancune subsistait encore, et avec elle une espèce de répugnance à risquer de nouvelles déceptions. Jane me suivait tristement du regard. A un moment donné, mes pieds s'arrêtèrent d'eux-mêmes, et deux secondes après la pauvre fille m'avait rejointe. — Miss Weston, me disait-elle simplement, je les ai quittées. — Je voulus savoir comment elle avait été amenée à ce parti décisif. — Hélas ! me répondit-elle en baissant les yeux, je crains bien de n'avoir aucun mérite dans tout ceci. Vous en jugerez quand je vous aurai dit ce qui s'est passé depuis le moment où je vous écrivis… Vous avez reçu ma lettre, n'est-il pas vrai ? ,.. Quand j'eus mis l'adresse, je descendis pour la jeter à la poste. C'était la première fois que je mettais le pied dans la rue depuis mon installation chez Susan. J'eus peur du bruit des voitures, et je rentrai. Le lendemain, l'ennui me parut plus insupportable qu'à l'ordinaire. J'avais la tête lourde, le pouls agité. Quand mes deux compagnes furent sorties, je voulus, comme les autres jours, m'annuler, m'oublier, m'engourdir, et je n'y parvins point. La rue me bourdonnait aux oreilles. Il me sembla qu'un peu d'air me ferait quelque bien. En m'habillant pour sortir, je posai la main sur mon porte-monnaie, et je l'ouvris machinalement. Il n'y restait plus que deux ou trois shillings. — Le moment est venu, semblait-il me dire. — Eh bien ! lui répondait une voix intime, un peu plus tôt, un peu plus tard, il n'importe guère. — Voilà où j'en étais, miss Weston, et les souvenirs du vieux Glasgie flottaient devant mes yeux quand j'arrivai dans une grande voie dont je ne sais pas le nom. Il y avait là des femmes en toilette qui, passant auprès de moi, me toisaient de la tête aux pieds, des hommes qui me jetaient au passage un sourire équivoque. Un d'eux s'approcha… Il semblait hésiter, étudier ma physionomie… Il s'éloigna, puis revint encore, et finit par me tendre un papier plié en forme de lettre. A tout hasard je pris et j'ouvris ce papier. C'était une invitation en blanc pour un thé donné à minuit dans Saint-James-Hall. Comme je cherchais à m'expliquer cet appel inattendu, on m'arracha le billet des mains. — Enfin vous vous êtes donc décidée ?... Que lisez-vous là ? — C'était Susan Marsh. Elle haussa les épaules en parcourant de l'œil les lignes que j'avais déchiffrées à grand'peine. — On connaît cela, reprit-elle... Un traquenard de messieurs les prêtres... Bon papier à papillotes... — Mais je lui repris la circulaire qu'elle s'apprêtait à déchirer. — Non, lui dis-je, il faut voir... Où est Saint-James-Hall ?... — Oh ! qu'à cela ne tienne, je vous y conduirai si vous voulez, répondit-elle. Vous voilà sortie, je n'en demandais pas davantage... Peut-être nous amuserons-nous, et dans tous les cas nous prendrons notre thé sans qu'il nous en coûte un *farthing*...

Miss Weston, connaissez-vous M*** ? Est-ce un brave homme, un homme sincère, un cœur comme le vôtre ?...

Elle venait de me nommer un des prédicateurs populaires les plus révérés. Je lui répétai ce que j'en avais entendu dire en mainte et mainte circonstance. — C'est donc cela, reprit-elle, que ses paroles me gagnèrent, et qu'il me semblait écouter Dieu lui-même. J'aurais volontiers frappé quelques-unes de mes voisines qui ricanaient et raillaient dans leur coin. Susan voulait à chaque instant m'emmener : — En quoi cela nous regarde-t-il ?... Nous ne pouvons pas rester dans cette foule... Voyez avec qui nous sommes !... Au fait, nous étions entourées de gens mal vêtus, mendiants pour la plupart et de la pire espèce. Pourtant je tins bon. Jamais paroles ne m'avaient paru ressembler si fort à un message d'en haut. Je n'étais pas la seule après tout. Je voyais bien des visages sérieux, bien des physionomies troublées. Quelques-uns des auditeurs s'indignaient de leur propre émotion et sortaient en murmurant. D'autres semblaient en extase, beaucoup sanglotaient comme navrés de remords. Il y eut des passages qui semblaient m'être spécialement adressés sur la force intérieure qui ramène au bien. J'en vins à me demander si dans ce moment-là même vous ne sollicitiez pas pour moi le secours et l'appui dont j'avais un tel besoin, et si les paroles du prédicateur ne lui étaient pas dictées tout exprès pour exaucer vos charitables désirs. Que vous dirai-je encore ? Jamais le mal ne m'avait semblé si haïssable, jamais je n'avais mieux compris le bien-être qu'on peut devoir au calme de la conscience — En voilà du *humbug*, me dit Susan Marsh au moment où nous sortions. Je me gardai bien de lui répondre, car je venais justement d'arrêter en moi le dessein de la quitter.

J'y songeai une partie de la nuit, et je dressai mon plan. Ne froncez point le sourcil, miss Weston !... Tout le monde n'est pas si brave que vous le voudriez bien. Étais-je d'ailleurs si sûre de moi-même ? N'ai-je pas éprouvé plus de cent fois que mon ancienne *pal*, avec ses paroles dorées, ses artifices, ses mensonges, sait me retourner comme un gant et bouleverser toutes mes idées, tous mes projets ? Croyez-le bien, il fallait lui cacher celui-ci ; elle m'en aurait détournée, aussi vrai que je marche à côté de vous. Je fis donc semblant d'avoir la migraine et me gardai bien de me lever. Je feignais encore de dormir quand Polly rentra. Elle apportait trois billets de spectacle qu'un de ses amis lui avait donnés. — C'est Jane, disait-elle, qui sera contente.... En effet je témoignai une grande joie, et comme elle s'apprêtait à sortir pour aller aux provisions : — Non, lui dis-je, c'est à mon tour de régaler, je me charge de tout. — Et je passai en un tour de main mes vêtements de fatigue. Je regrettais bien un peu ma robe des dimanches que je laissais pendue derrière la porte ; mais je me serais trahie en l'emportant. C'était déjà une témérité que de refuser le panier dont elles prétendaient me munir. — Je n'en ai pas besoin, — leur criai-je en dégringolant l'escalier quatre à quatre. Dès que j'eus tourné le premier coin de rue, je me sentis soulagée d'un poids énorme. Que cela ressemblait peu à mon autre fuite, celle de chez les Evans !

Ou croyez-vous que j'allai sans hésiter, sans retourner la tête ? Tout droit à Brixton, où cependant, une fois arrivée, je n'osai jamais entrer. Je m'en fiai à mes excellents yeux et me mis à guetter votre sortie, embusquée à l'angle de l'avenue par où je m'assurais à chaque instant que vous alliez déboucher ; mais non, les heures sonnaient l'une après l'autre, et vous ne parûtes point. De quatre à sept heures, que d'émotions ! Enfin il me fut démontré que je ne vous verrais pas ce jour-là. Joignez à cette conviction désespérante la souffrance de la faim, une lassitude extrême, une complète ignorance de l'endroit où je pourrais trouver asile, et vous aurez quelque idée de ce que fut alors mon désappointement. Retenue toujours par un vague espoir, je ne m'éloignai qu'après huit heures. Et pourtant, s'il faut tout dire, j'avais vu çà et là se montrer quelques visages de connaissance. Le chapelain lui-même avait paru dans l'avant-cour. J'aurais pu, n'est-il pas vrai, m'adresser à lui ? Ce n'était pas ce qu'il me fallait. Un homme ne comprend pas certaines choses. Il y a des aberrations qu'une femme seule peut excuser et faire pardonner. Je retournai à Londres, où, très tard, dans un quartier inconnu, je trouvai le courage de m'arrêter devant un café. Une tasse de thé me remit quelque peu, mais il fallut sortir presque aussitôt sans savoir où j'irais. J'ai passé la nuit dernière à marcher çà et là, m'arrêtant lorsque je ne pouvais plus avancer. Ma plus longue halte a été sur un pont où je suis restée je ne sais combien de temps à regarder l'eau noire du fleuve, en me disant que si je ne parvenais pas jusqu'à vous, ou si, vous ayant revue, vous me refusiez votre appui, je n'aurais plus qu'à chercher refuge dans ce gouffre. Aussi, quand j'ai vu que vous me reconnaissiez et que vous ne daigniez pas vous arrêter, ce pont, cette eau noire se sont retrouvés devant mes yeux.

— Je suis condamnée,… me disais-je, et maintenant au contraire il me semble que je suis sauvée.

Ici je regardai Jane, et je compris que sa confiance ne devait pas, ne pouvait pas être vaine. — Croyez-vous, lui dis-je, à la durée de votre repentir ? Vous sentez-vous hors d'atteinte ?… Ne vous hâtez pas, pesez vos paroles… Eh bien ! repris-je quand elle m'eut solennellement affirmé qu'elle ne craignait plus une nouvelle victoire de l'esprit tentateur, il faut risquer sans retard une épreuve redoutable… Voulez-vous (je tirai ma montre), voulez-vous m'accompagner chez mistress Evans ?… Jane ici se prit à trembler, et ce fut en balbutiant qu'elle essaya de trouver quelques excuses.

— Il est sept heures, lui dis-je, et nous arriverons encore à temps. Ne me laissez pas le loisir de la réflexion, peut-être reculerais-je… J'obéis à une inspiration soudaine dont je ne veux pas essayer de me rendre compte. Vous devez bien me comprendre, vous, Cameron.., et si vous me comprenez, vous ne courrez pas les chances d'une hésitation quelconque…

— Soit, dit-elle, domptée par cette espèce d'adjuration ; vous êtes mon seul guide comme ma seule espérance… Marchez, je vous suis… Dieu doit être avec nous, miss Weston, s'il a pitié de qui veut revenir à lui. Toutefois, à la porte de ses anciens maîtres, la pauvre fille, prise d'un nouveau tremblement, se déclara hors d'état de franchir le seuil. — Peut-être, pensai-je, son instinct la sert-il mieux que le mien. — J'entrai donc seule chez mistress Evans, qui fort heureusement était seule aussi. Je lui expliquai simplement, brièvement, la situation, m'étonnant de trouver çà et là, au courant du récit, certains mots qui me frappaient moi-même comme investis d'une sorte d'éloquence. Néanmoins, et bien que j'eusse produit sur elle une impression visible, mistress Evans ne se rendit pas au premier appel. Elle avait gardé le secret que je lui avais demandé, elle ne pouvait s'empêcher de porter intérêt à la fugitive, mais recouvrer en elle la moindre confiance lui semblait tout à fait impossible. En cela se résumaient les paroles que je dus rapporter à Cameron. Elles dissipèrent, je le vis, une de ces promptes espérances qui lui étaient familières ; mais elle soutint bravement le choc, et lorsque je lui remis la petite somme que mistress Evans avait voulu ajouter au reliquat des gages dus à son ex-domestique : — C'est plus que je ne mérite, s'écria celle-ci. Je n'aurais pas dû espérer mieux. Puis, au moment de faire retraite, elle revint tout à coup sur ses pas. — Non, dit-elle, je veux d'abord la remercier, je veux obtenir son pardon… J'avais vu mistress Evans fort occupée des préparatifs de son prochain voyage, et je craignis une démarche indiscrète. Cependant je rentrai pour solliciter, au nom de Cameron, une entrevue de quelques instants ; elle lui fut accordée avec quelque hésitation, bien naturelle en pareille circonstance. Jane entra sur mes pas, sans être vue d'aucune des domestiques, attendu qu'en venant la rejoindre j'avais laissé l'huis entr'ouvert. Un mouvement passionné la jeta aux pieds de mistress Evans, qui eut fort affaire de dissimuler à quel point cette scène pathétique prenait sur elle.

— Je vous pardonne de tout cœur, ma pauvre femme, dit-elle à Cameron encore prosternée. J'espère que Dieu vous donnera la force de persister en ses voies. Si je puis contribuer à vous y maintenir, je le ferai certes, et de mon mieux… D'ici à quelques jours, quand j'aurai pris conseil de mon mari, vous saurez ce qui aura été convenu entre nous… En supposant qu'on veuille vous faire entrer dans une institution réformatrice [8], votre consentement nous serait-il acquis ?

— Je consentirai, répondit Jane, à tout ce qui prouvera que je ne suis plus ce que j'étais.

Les choses en sont là, pour le moment, et j'avoue que j'ai bon espoir. Mistress Evans me semble une vraie chrétienne. Brixton, 15 juin.

L'offre faite à ma protégée par ses anciens maîtres n'est pas précisément ce que j'attendais. M. Evans ne s'est laissé persuader qu'à grand'peine de recommencer une épreuve déjà faite et manquée. Il ne veut pas prendre d'engagement positif vis-à-vis de Cameron, et lui permet seulement de s'embarquer sur le même navire que lui. Le prix de la traversée sera payé par elle. Une fois en Amérique, et selon qu'elle aura paru plus ou moins digne d'indulgence, peut-être les Evans la reprendront-ils à leur service. Jane m'a demandé conseil ; mais je n'ai pas cru devoir prendre la responsabilité d'une décision si grave. Elle seule verra ce qu'elle peut espérer de l'essai qu'on lui propose, et on lui donne huit jours pour y réfléchir.

Brixton, 25 juin.

Aux conditions déjà dites, Jane s'embarque le 29 de ce mois. Jamais je ne l'ai vue plus confiante et plus sereine. Ses pauvres finances sont en désarroi, et il lui manque quelques guinées pour payer son passage. Il faudra bien y pourvoir de manière ou d'autre. Elle m'a bien embarrassée l'autre jour en me demandant ce qu'elle aurait à faire, si le hasard la rapprochait de mistress Cameron, son indigne mère. — Dans une ville comme New-York, lui ai-je répondu, pareille rencontre est peu probable ; mais si votre mère continue à vivre là-bas comme elle vivait à Glasgow, vous devez rompre avec elle, coûte que coûte…

Jamais je ne me serais doutée que le départ de cette jeune femme serait pour moi le sujet de préoccupations aussi vives. J'attribue cette espèce de phénomène à l'intensité des regrets qu'elle me témoigne elle-même. J'ai d'ailleurs comme le pressentiment d'une séparation irrévocable. Nous ne nous reverrons sans doute plus ici-bas.

MISTRESS MARGHARET EVANS A MISS LYDIA WESTON,
Magdalen-Hill, Swordsley, Essex.

New-York, 10 février 1865.

Jane Cameron, chère miss Weston, n'a pas à se reprocher la négligence et l'oubli dont vous avez pu la croire coupable ; je sais de science certaine qu'elle vous a écrit, vers la fin de l'année 1864, une très longue lettre, sans doute égarée, puisque vous me demandez aujourd'hui des renseignements que cette lettre, dont elle avait voulu que je prisse lecture, vous donnait avec détail.

Vous savez à quelles conditions mon mari avait voulu l'emmener ici. Bien que voyageant pour son compte, elle avait repris auprès de nous son service habituel, et nous nous réservions *in petto* le droit de compenser, dans tous les cas, ce que cette combinaison pouvait avoir de désavantageux pour elle. Pendant la traversée, je dus me convaincre que son repentir était sérieux, sa bonne volonté complète et sans réserve, et nous n'étions pas en mer depuis plus de huit jours que ma confiance en elle renaissait déjà. Mon mari ne se rendait pas encore, mais en arrivant à New-York il ne put se refuser à continuer l'épreuve. C'était l'essentiel. Jane reprit chez nous ses anciennes fonctions avec le même zèle qu'autrefois, la même gravité résignée, peut-être même avec une tendance plus marquée aux idées tristes. Dans la lettre qu'elle vous écrivit à l'approche du jour de l'an, faisant allusion à quelques symptômes morbides que le voyage avait aggravés chez elle, j'avais remarqué un passage à peu près ainsi connu : « Mon pauvre cœur bat plus fort que jamais ; il me semble que je constate dans tout mon être un déclin rapide. On dirait que le calme et le bonheur sont pour moi des poisons mortels ; comme jadis le peuple de Dieu, je n'aurai fait qu'entrevoir la terre de promission. Au surplus, sans avoir tout expié, je crois pouvoir désormais me fier à la clémence du père céleste. » Cette confiance qu'elle exprimait, nous devons, à ce qu'il me paraît, la partager vous et moi, maintenant que Jane a été rappelée vers l'arbitre de toute justice et de tout repentir. J'avais constaté en elle un changement qu'on devait regarder comme définitif, et qui du reste pouvait s'attribuer en partie aux pressentiments d'une fin prochaine. Jamais, depuis son retour à moi, un seul mouvement, une seule parole ne lui sont échappés qui aient pu me causer la moindre inquiétude à son sujet. Elle s'est montrée bonne et fidèle jusqu'au dernier moment. Sa reconnaissance pour l'affection que vous lui avez gardée en dépit de bien des mécomptes était toujours la même, nonobstant votre silence qu'elle ne s'expliquait pas. Nous avons indirectement appris que vous ne faites plus partie du personnel des prisons, et cette nouvelle a été la dernière joie de la pauvre fille, déjà fort malade. Elle s'enquit alors de votre nouvelle adresse, et vous la trouverez écrite de sa main sur un petit paquet, renfermant, avec une tresse de ses magnifiques cheveux, un humble souvenir qu'elle vous destinait. J'ai remis le tout à un ecclésiastique de vos amis, devenu par grand hasard notre commensal M. Henry Gillepsie, que la Société des missions rappelle à Londres pour cause de santé. L'épuisement de ses forces est si complet que bien des gens ne le croient pas en état de supporter la traversée. Il part cependant, et j'espère que ces fâcheux pressentiments seront démentis.

Adieu, chère miss Weston, et croyez à mon bien affectueux souvenir.

Notes

1.   Voyez la Revue du 1er septembre.

2.   Expression écossaise, forme corrompue du mot born ; baby pourrait bien en être le diminutif caressant.

3.   Pendant le jour, non pendant la nuit, où chaque condamnée est réintégrée dans sa cellule. A Millbank, — un peu faute d'espace, — on place trois convicts dans la même cellule, où elles passent le jour et la nuit. Les prisonnières préfèrent de beaucoup cette dernière combinaison.

4.   Notabilités historiques de la haute pègre anglaise.

5.   Tirage au sort de quelque objet de prix. Les billets sont très nombreux, partant se vendent bon marché.

6.   Le jury criminel en Ecosse est composé de quinze membres.

7.   C'est le nom sous lequel est couramment désignée la Discharge prisoner's aid Society.

8.   Reformatory.

ISBN : 978-1727186482